# GOAL!

Antoine GRIEZMANN

# GOAL !

## TOME 8 : LA VIE EN BLEU

*Sur une idée d'Olivia de Dieuleveult*
*et avec la collaboration de Fabrice Colin*

Michel LAFON

Si elles sont inspirées d'événements que j'ai bel et bien vécus, de choses qui me sont réellement arrivées, les aventures de Tony, Maud, Julian, Théo et les autres sont inventées pour votre seul plaisir.


118, avenue Achille-Peretti – CS 70024
92521 Neuilly-sur-Seine Cedex
www.lire-en-serie.com

Loi n° 49-956 du 16 juillet 1949 sur les publications destinées à la jeunesse

# RÉSUMÉ DU TOME 7
# DU RÊVE À LA RÉALITÉ

Côté cœur, la déception est amère : Audrey n'est plus célibataire. Elle a rencontré un certain Marco et a fait comprendre à Tony qu'il fallait que lui aussi passe à autre chose. Heureusement, il peut compter sur le soutien à distance de Stan, son meilleur ami, et de Diego, son coéquipier argentin à San Sebastián.

Alors que son équipe gravit les échelons, Tony ne pense qu'à ses rêves d'ascension. Son objectif principal, désormais ? Accéder à l'équipe première de la Real Sociedad.

Quand Tony se retrouve enfin sur le terrain avec l'équipe star de son club, il a l'impression que tous ses rêves ont été exaucés.

Mais, très vite, il pense à l'avenir. Quel est le prochain objectif qu'il pourrait se fixer ? Eh bien, pourquoi pas intégrer l'équipe de France, après tout ? Certains de ses copains ont été sélectionnés, et même Michael, son plus grand rival, a été appelé pour intégrer la sélection des moins de 19 ans. Mais le temps passe, et Tony n'a toujours rien… Jusqu'au jour où sa mère lui annonce que l'équipe de France l'a contacté : à lui Clairefontaine et le légendaire maillot bleu dont il rêve tant depuis des années !

## Les personnages

**Tony Grizi :** Tony, 18 ans, évolue depuis maintenant quatre ans au sein de l'équipe des jeunes de la Real Sociedad de San Sebastián, en Espagne. Fan absolu de David Beckham, il rêve de pouvoir lui aussi faire du football son métier !

**Maud Grizi :** Étudiante en école de journalisme à Paris, la grande sœur de Tony reste un pilier dans la vie du jeune footballeur, même à distance.

**Théo Grizi :** Le plus jeune de la fratrie et premier fan de son grand frère est aussi le premier à crier « Team Grizi ! » dès que l'occasion se présente.

**Alain Grizi :** Surnommé « le Grizzli » à cause de sa carrure impressionnante et de son regard sévère, le père de Tony a toujours poussé son fils à donner le meilleur de lui-même sur un terrain.

**Isa Grizi :** Fille d'un ancien footballeur professionnel portugais, la mère de Tony est prête à tout pour ses enfants.

**Julian « The Wall » D'Amata :** Ce gardien de but est l'un des meilleurs amis de Tony. Lui aussi originaire de Mâcon, il joue désormais au PSG.

**Djibril « Calamity Djib' » Makouba :** Un des plus proches amis et ancien coéquipier de Tony à Mâcon. Si son objectif n'a jamais été de passer professionnel, il pourrait en revanche se faire un nom en tant que comique !

**Stan Muizon :** Stan est un ami d'enfance de Tony. Son seul défaut : il n'est pas fan de Zidane, et lui préfère… Napoléon.

**Jean-Baptiste « JB » Texeira :** Après des années passées à jouer au city stade avec Tony et Maud, le talentueux footballeur évolue maintenant au FC Toulouse.

**Roméo « The Brain » Chapon :** Véritable stratège sur un terrain, Roméo connaît toutes les statistiques et les combinaisons par cœur.

**Audrey :** Amie de Tony, la jolie brune ne laisse pas le jeune footballeur indifférent…

**Michael Ribaud :** L'ancien rival de Tony à l'UFM a lui aussi intégré l'équipe de France des U19 ! Les deux ennemis parviendront-ils à mettre leurs différends de côté et à évoluer côte à côte ?

**Laura :** Cette belle blonde est la petite amie de Michael… au grand regret de Tony !

**Phil Pelves :** Premier coach de Tony à l'UF Mâconnais (l'UFM), il a toujours soutenu le « Grillon », malgré sa petite taille.

**Frédéric Odras :** Sélectionneur de San Sebastián, il a l'œil pour repérer les joueurs prometteurs et passe son temps à voyager.

**Martín Lasarte :** Après avoir évolué comme défenseur en Amérique du Sud et en Espagne, il est devenu coach de l'équipe première de la Real Sociedad.

# 1

# UN CHAMP DE BATAILLE

Il aurait bien aimé savoir à quoi il ressemblait en cet instant, mais il n'y avait aucun miroir sous la tente.

Il portait un uniforme rutilant, des bottes parfaitement cirées et un bicorne en feutre noir.

Un sabre était passé à sa ceinture.

Debout devant la table d'état-major, il consultait le plan du champ de bataille : un terrain de foot aux dimensions gigantesques qui s'étendait au creux d'un vallon.

À son côté, Phil Pelves, son entraîneur de l'UFM. Il portait quant à lui un uniforme à taille croisée brodé de fils d'or, aux épaulettes décorées d'étoiles argentées et une culotte bouffante blanche.

– Votre Majesté prendra-t-elle part au combat ?

Tony se gratta la joue et se pencha au-dessus de la table en plissant les yeux. Des canons en plastique miniaturisés avaient été disposés aux endroits stratégiques.

Il ne s'entendait pas parler, mais il savait quelles questions il posait. « Ça tire quoi, ces trucs ? »

Le général Phil Pelves prit un canon entre ses doigts et l'examina tel un insecte.

– Votre Majesté, je présume, n'ignore rien des règles du football. Cet engin tire des ballons, évidemment. Ils ne contiennent pas de poudre. Nous comptons sur la force de la frappe pour déchirer les filets adverses. La question est, je le répète, de savoir si Votre Majesté prendra part à l'affrontement. Le peuple de France attend.

Tony se redressa et passa en revue le reste de son état-major. Certains visages étaient connus – des préparateurs physiques de la Real, un jardinier, quelques amis d'enfance précocement vieillis –, mais la plupart de ne lui disaient rien : juste des aides de camp anonymes, qui se conformeraient à sa décision.

Tony baissa les yeux, examina ses bottes brillantes. Inutile de se voiler la face, tout cela aurait été nettement plus pratique avec de bonnes vieilles chaussures à crampons.

– Alors ?

L'état-major attendait ses instructions. Pouvait-il vraiment se défiler ? Il n'en avait aucune envie. Ça ne lui ressemblait pas.

Il informa ses généraux qu'il allait prendre part à la bataille et sortit de la tente.

Dehors, son père, qui patientait, le regarda passer en hochant la tête, sans qu'il soit possible de dire s'il était ou non satisfait. Ce bon vieil Frédéric Odras était là, lui aussi, monté sur un cheval harnaché aux couleurs de la Real.

Tony fit mine de dégainer son sabre, mais celui-ci resta coincé dans son fourreau.

Le responsable de l'artillerie, un petit gaillard trapu affublé d'une belle moustache, se porta à son côté et, une main devant la bouche pour ne pas être entendu, lui glissa quelques conseils.

– Le football se joue avec un ballon, Votre Majesté. Vous avez connu de grandes victoires et vous en connaîtrez d'autres, mais le toit du monde est encore loin. (Il désignait les nuages passant sur la plaine. C'était un jour étonnamment sombre et froid.) Il vous faudra franchir des océans, à n'en pas douter. Des montagnes. Vous devrez vous relever chaque fois, et croire en l'avenir, toujours. (Il tapota le crâne de Tony.)

Cela se passe ici, Votre Majesté. Cela s'appelle « envers et contre tout ».

*Quoi ?* pensa Tony.

Un coup de sifflet le fit sursauter. Une grande clameur venait d'envahir la plaine.

Il descendit.

Des gens l'appelaient, d'autres criaient leurs noms, mais il était curieux de savoir ce qu'il allait découvrir dans cette plaine.

Des soldats couraient en tous sens, vêtus de maillots du FC Barcelone, de l'Atlético de Madrid, de l'équipe de France, même – des ballons fusaient au-dessus de leurs têtes, propulsés à une vitesse prodigieuse.

Tony se sentait de plus en plus petit. Bientôt, les brins d'herbe du terrain lui arrivèrent aux chevilles, aux genoux, à la taille.

Il se trouvait dans un champ.

Il avait de plus en plus de mal à avancer, à prendre de l'altitude. On se battait autour de lui. On se bousculait, on se taclait, des joueurs s'étalaient de tout leur long en proférant des jurons en espagnol et en français.

Tony arriva devant un grand arbre. Une version plus âgée de lui-même guettait son arrivée en suçotant un brin d'herbe. Comme c'était bizarre de se voir ainsi dédoublé, prématurément vieilli !

Son second « moi » avait les cheveux courts, le regard assuré. Il portait un maillot des Bleus décoré de deux étoiles.

– Comment crois-tu que tu vas toucher le ciel, hein ?

Tony l'empereur fit signe qu'il n'en avait pas la moindre idée.

– En te faisant tout petit, répondit son double. En respectant ce qui est plus grand que toi. Parce qu'il y aura toujours plus grand.

Le double se leva, s'éloigna et s'évanouit dans la lumière. Tony voulut l'appeler, mais aucun son ne sortit de sa bouche. Un ballon siffla dans les airs, qui vint heurter le tronc d'arbre – le coupant littéralement en deux.

Le jeune attaquant s'avança, ramassa une branche, la considéra avec stupéfaction. Son extrémité flambait doucement.

– Montre l'exemple, tonna une voix venue de nulle part.

Était-ce sa voix à lui ?

Soudain, il fit très noir, les ténèbres s'abattirent sur les collines, tandis que des ballons continuaient de fuser dans l'obscurité en sifflant puissamment, et, de partout, des joueurs aux couleurs de l'équipe de France descendaient les collines, hagards et perdus. Seule sa lumière les guidait.

– Et maintenant ? demandaient-ils. On fait quoi ?

– Suivez-moi, murmura Tony, sans avoir la moindre idée de la direction qu'il fallait prendre.

Et ce fut sur ces paroles qu'il se réveilla.

***

Décontenancé, le jeune attaquant sortit de son lit, ouvrit les rideaux et la fenêtre de sa chambre. Une bouffée d'air chaud l'accueillit. La rumeur de la ville était là, bien réelle.

Les yeux encore embrumés de sommeil, Tony fila sous la douche et, un jet tiède lui martelant le crâne, se laissa doucement glisser contre la paroi. Bon sang, quel rêve étrange ! Incompréhensible, même. Déjà, les détails s'estompaient.

Pieds nus, vêtu d'une seule serviette de bain enroulée autour de sa taille, Tony s'assit devant son ordinateur portable et l'alluma.

Le fond d'écran figurait une photo des Champs-Élysées en 1998. Les Bleus venaient de gagner la Coupe du monde, et une foule immense les acclamait.

Le jeune attaquant cliqua sur l'icône de sa boîte mail et commença à écrire. Destinataire ? Stan Muizon.

Dans son message, Tony essaya de raconter son rêve de la façon la plus fidèle possible.

Il insista sur le fait qu'il portait un uniforme napoléonien, que tout le monde semblait le considérer comme le chef, qu'il était devenu très petit et qu'une nuit totale, pour finir, était tombée sur la plaine.

Il cliqua sur *envoyer*, referma son ordinateur, puis se traîna jusqu'à la cuisine. Ce n'était pas toujours drôle de vivre seul – et ça l'était encore moins en ce début d'été 2010 : tous ses amis ou presque avaient déjà quitté la ville, étaient partis en vacances, et lui…

Tartine à la main, il consulta son agenda. Ce matin ? Leçon de conduite. Dans deux jours ? Départ pour Paris.

Le premier match avait lieu le 18 juillet. Rien n'indiquait qu'il le jouerait, mais rien n'indiquait non plus le contraire.

***

Tony aimait conduire. Il devait en être à sa quinzième heure d'apprentissage, et il prenait peu à peu confiance en lui. La voiture, c'était un pas de plus vers l'autonomie, la liberté.

Clara, sa monitrice d'auto-école, ne devait pas avoir plus de 30 ans. C'était une jeune fille aux cheveux noirs bouclés d'origine italienne, qui s'occupait de lui avec beaucoup de bienveillance et de patience. C'était aussi une passionnée de foot, et une supportrice invétérée de la Real Sociedad.

– Comment ça se présente, cette année ?

La leçon du jour était terminée ; ils venaient de se garer devant l'auto-école.

– Avec l'équipe ? Aussi bien que possible. On va essayer de jouer notre football et de ne pas se prendre la tête. L'objectif, c'est déjà de rester en Liga. Mais, entre nous, on se dit qu'on peut faire mieux.

– J'en suis sûre.

– Et puis il y a l'équipe de France...

– Vraiment ? fit Clara, haussant un sourcil.

– Oui, enfin, les U19. C'est l'équipe des moins de 19 ans. Après, il y a les moins de 20 ans, puis les moins de 21 ans – les Espoirs –, et...

Regard dans le vague, le jeune attaquant se prit à rêver. Sa monitrice lui tapota gentiment la main.

– Ça ne leur ferait pas de mal, à l'équipe de France, que tu leur donnes un petit coup de main.

Elle faisait allusion, évidemment, à la piètre prestation des Bleus en Coupe du monde. L'Espagne, elle, venait de battre l'Allemagne en demi-finale, et allait jouer contre les Pays-Bas l'un des matchs les plus importants de son histoire. Tony, comme ses amis de San Sebastián, était évidemment devenu un grand supporter de la Roja.

Mais il ne pouvait s'empêcher d'éprouver un pincement au cœur chaque fois qu'il songeait à la façon dont la France avait été éliminée. Ah, cette terrible défaite contre l'Afrique du Sud, le pays hôte ! La grève des joueurs, les insultes, etc. Tous ses amis de la Real restés en Espagne l'avaient copieusement chambré, et il avait rasé les murs. Une humiliation, oui. Qu'il faudrait laver un jour ou l'autre…

– On y travaille, finit par lâcher Tony.

Clara leva un pouce.

– En attendant, il y a un permis de conduire à passer, n'est-ce pas ?

Il lui sourit, et ils sortirent de la voiture. Devant les bureaux de l'auto-école, Jaume, le directeur, les regardait approcher en fumant un cigare. Il tendit à Tony une main ferme.

– Alors, champion ? Prêt à casser la baraque ?

Le jeune attaquant se contenta de sourire.

– On va essayer.

– Concentre-toi sur le foot, en tout cas. (Il sortit un papier plié en quatre de la poche de son jean et le lui tendit.) Parce que tu as raté ton code pour la troisième fois.

2

# DIX ANS DÉJÀ

Dans l'avion qui l'emmenait à Paris, Tony sortit son ordinateur portable et l'installa sur sa tablette.

Il avait laissé ouvert le mail de Stan Muizon, reçu la veille en fin d'après-midi.

Stan était en vacances dans la maison de campagne de ses parents, en Dordogne.

Apparemment, il était heureux, entouré de livres d'histoire, avec la forêt à deux pas. « En vérité, je te le demande, qu'est-ce qu'un honnête homme pourrait souhaiter de mieux ? »

Il était toujours aussi marrant, décida Tony, et de plus en plus cinglé. Sur une photo qu'il avait envoyée en pièce jointe, on le voyait habillé d'un costume trois-pièces, un béret posé sur le côté du crâne, l'air le plus sérieux du monde.

« En ce qui concerne ton rêve, mon vieux, je tiens à te rappeler, primo, que je ne suis *plus* un spécialiste de Napoléon et, secundo, que je ne suis pas psychanalyste. Je note tout de même quelques points intéressants : le football comme combat, la présence de figures du passé, toujours très importantes pour toi, un évident complexe d'infériorité lié à tes épreuves passées (la petite taille), le sentiment, sans doute, de ne pas être *à la hauteur* et, en même temps, une aspiration aux sommets. Quelle surprise, de toute évidence, tu es doté d'une âme de leader ! En même temps, ce n'est pas un rôle naturel pour toi. Tu veux éclairer les gens, leur montrer la voie – mais certainement pas les dominer. »

Tony jeta un coup d'œil au hublot. Était-ce Bordeaux qu'on apercevait, là-bas ? En tout cas, le ciel était absolument sans nuages. Le jeune attaquant revint à son mail et le fit défiler pour en lire la fin.

Stan donnait des nouvelles dc JB, de Julian, et même de Michael Ribaud, dont il était parvenu, on ne sait trop comment, à se procurer la nouvelle adresse mail.

« Tous trois seront à Clairefontaine, si j'ai bien compris. Ça risque de faire drôle, tu ne crois pas ? »

C'était le moins que l'on puisse dire. Incroyable de songer que dix ans plus tôt, en gros, ils se trouvaient tous à Mâcon, à imiter les tortues ninja – enfin, surtout JB, Julian et lui !

Ça lui avait fait drôle, en effet, de revoir Michael, quelques jours auparavant, de constater à quel point il avait changé, grandi, de se rendre compte aussi à quel point lui, Tony, n'avait pas oublié ce qui s'était passé à Mâcon durant cette première année.

« Vous n'étiez que des gosses, lui avait rappelé son père quand il avait évoqué avec lui cette époque. Des gosses turbulents, volontaires et terriblement doués. Que de chemin parcouru… »

À Paris, ce fut le père de Tony, justement, qui vint l'accueillir. Isa et Théo étaient en vacances dans les Alpes, ils allaient revenir quand le championnat d'Europe commencerait. Maud se trouvait quelque part aux États-Unis sur la côte ouest, partie avec deux copines.

Dans la voiture qui l'emmenait à Clairefontaine – que de souvenirs, là encore, parce que, d'une certaine façon, c'était là que tout avait commencé, c'était là qu'il avait rencontré Frédéric, non ? – dans la voiture, donc, Tony soumettait son père à un feu nourri de questions. Et grand-père ? Sa santé ? Et ma sœur ? Un nouveau petit ami ? Et Théo ? Les études ? Vous avez suivi la Coupe du monde ? Je veux dire, après l'élimination ?

Alain Grizi jeta un coup d'œil attendri à son fils. Toujours cette folle énergie, cette insatiable curiosité…

La Coupe du monde ? Il avait regardé Allemagne-Angleterre (4-1), puis Allemagne-Argentine (4-0, une démonstration), et il continuait de trouver cette équipe allemande très impressionnante – « Ils ne méritaient pas vraiment de perdre contre les Pays-Bas, si tu veux mon avis. Quant à Lionel Messi, il est passé complètement à côté de sa compétition. Pas un seul but marqué ! Tu te rends compte ? Pour moi, si tu veux devenir le plus grand joueur de la planète et laisser ta trace dans l'histoire, tu dois gagner la Coupe du monde. »

Tony sourit.

– Euh, papa, la Coupe du monde, ça ne se gagne pas comme ça. C'est le rêve de *tous* les footballeurs professionnels, tu sais. Et, à la fin, il n'y a qu'une seule équipe qui brandit le trophée...

– Tu as raison. C'est un combat impitoyable. En attendant, toi, tu as d'autres batailles à mener. Tiens, regarde, on arrive...

Le centre de Clairefontaine, en effet, était en vue, avec ses grands arbres et ses pelouses impeccables.

Un agent de sécurité s'avança, et Alain Grizi baissa sa vitre. Le temps était gris ce jour-là, le ciel lourd et bas. Inexplicablement, Tony sentit sa gorge se serrer.

– Mon fils joue pour les U19, annonça son père.

L'agent de sécurité lui rendit sa carte d'identité avec une grimace.

– La relève, hein ? Ça ne nous fera pas de mal.

***

Le premier match aurait lieu à Caen le 18 juillet, soit exactement une semaine après.

Le sélectionneur des U19, Francis Smerecki, avait réuni ses troupes sur la pelouse du mythique terrain Michel-Platini. Tous les joueurs n'étaient pas encore arrivés, certains avaient été appelés au dernier moment, et pour l'occasion, même les réservistes avaient été conviés, agrandissant le groupe à 27.

– Bon, fit l'entraîneur aux cheveux gris et au regard bleu acier. La première question que j'ai entendue, celle qui revient sur toutes les lèvres, je vais y répondre tout de suite : oui, il est prévu que vous puissiez regarder la finale ce soir. C'est, disons, une récompense avant l'heure. Après ça, fini de rire. Les enjeux, vous les connaissez. C'est un championnat d'Europe. Une compétition très importante et particulièrement relevée. La France l'a déjà remporté six fois, ce championnat. La dernière, c'était en 2005.

En 1996, la compétition avait déjà eu lieu en France, et parmi les meilleurs joueurs de l'équipe, on avait noté un certain Thierry Henry et un certain David Trezeguet. Vous voyez où je veux en venir ?

# 3

# RETROUVAILLES

Tout le monde avait l'air de « voir » où Francis Smerecki voulait en venir, en effet.

Tony profitait de la causerie pour observer les autres joueurs. Ni JB ni Julian n'étaient encore arrivés. Michael était là, en revanche, au premier rang, mains sur les hanches et tête haute. Les deux jeunes attaquants s'étaient salués d'un bref hochement de tête en arrivant – rien de plus.

Le sélectionneur, lui, poursuivait son discours de présentation.

– La difficulté, pour vous et pour moi, c'est que nous avons peu de bases sur lesquelles nous appuyer. Contrairement aux autres équipes, nous n'avons pas dû batailler pour accéder à cette phase finale. En tant que pays organisateur, nous étions automatiquement qualifiés. Les autres ont eu le temps de se connaître, de se construire. En ce qui vous concerne, je n'ai eu que quelques matchs amicaux pour me faire une idée. Mes adjoints et moi-même avons beaucoup prospecté, ces derniers mois, nous sommes allés un peu partout en Europe pour vous voir à l'œuvre, et c'est pourquoi certains d'entre vous, qui n'avaient jamais joué avec les U19 jusqu'à présent, se retrouvent parmi nous aujourd'hui. Mon groupe final est normalement constitué, mais des choses peuvent encore changer en cas de blessures ou autres.

Je compte sur vous, et j'attends de chacun une implication maximale.

Un murmure d'assentiment parcourut le groupe. Tony avait toujours une boule dans la gorge, et ce n'était pas seulement parce que ses amis n'étaient pas encore arrivés.

Francis Smerecki ne l'avait vu jouer qu'une fois, à San Sebastián – Tony ne l'avait d'ailleurs appris que tout récemment. Les autres fois, il s'était contenté d'envoyer des émissaires. L'un d'entre eux, que Tony avait eu au téléphone, l'avait mis en garde.

– Le coach te suit depuis un petit moment. Au départ, il était sceptique – je ne vais pas te le cacher. Par rapport à ta taille, notamment, et à ton rendement physique. Il pense que tu as un potentiel, mais aussi que ce potentiel est loin d'avoir été pleinement exploité. Tu as tout à gagner…

Et tout à perdre, songeait à présent Tony. Car, à n'en pas douter, il n'y aurait pas de seconde chance. L'U19 était l'antichambre des U20, puis des Espoirs – tout le monde avait été très clair là-dessus. Pouvait-on jouer en équipe de France sans passer par les Espoirs ? Oui, bien sûr, si on se faisait remarquer en club. Mais, quand on entrait dans les équipes de jeunes nationales, on était épié, scruté, étudié de très près. Et soit on allait « au bout », soit on restait sur la touche. Les équipes de U19 et U20 étaient pleines de jeunes joueurs prometteurs qui n'avaient, par la suite, connu qu'une carrière médiocre – ou pas de carrière du tout.

Le sélectionneur, qui avait ramassé un ballon, le faisait passer d'une main à l'autre sans quitter ses joueurs des yeux.

– Nous avons peu de temps pour apprendre à nous connaître. Faites donc en sorte que je *sache* qui vous êtes, dans le bon sens du terme. Signalez-vous par un comportement exemplaire – sur et en dehors des terrains. La discipline est pour moi essentielle, et je ne manquerai pas, au besoin, de vous le rappeler. Notre première rencontre, vous le savez, aura lieu à Caen, contre les Pays-Bas. Les

Pays-Bas ont sorti l'Allemagne. C'est une équipe redoutable, ceux d'entre vous qui ont joué l'amical en 2009 s'en souviennent bien, n'est-ce pas ? Pour info, et pour les autres, nous avions perdu 4-2. J'ai identifié d'autres très gros clients – et nous en reparlerons : l'Angleterre, l'Espagne, l'Italie, en particulier. Bien entendu, nous essaierons d'aller le plus loin possible dans cette compétition, d'autant que nous jouons à domicile et que la France, lors de ce Mondial… Enfin, bref. Mais notre performance ici ne sera pas le seul enjeu. Qui peut m'en citer un autre ?

Un ange passa. Les joueurs se dévisageaient, interdits. De quoi parlait-il ? Enfin, de l'autre côté, une main se leva. Le sang de Tony ne fit qu'un tour : JB ! Il ne l'avait même pas vu arriver – la crapule !

– Oui ?

– Les trois premiers de chaque poule sont qualifiés pour la coupe du monde des U20.

– Exactement ! Qui aura lieu l'année prochaine en Colombie. Je présume que, parmi vous, personne n'est jamais allé en Colombie ? Très beau pays. Et challenge formidable que d'aller là-bas dans un an, non ?

Tony en frémit. Une coupe du monde... Bien sûr, ce n'était pas « la » Coupe du monde, mais ça commençait à y ressembler. Intérieurement, le jeune attaquant se promit de tout faire pour en être. Jusqu'à présent, il avait gravi toutes les marches, patiemment, sans brûler les étapes. Ce championnat d'Europe en était une. La coupe du monde colombienne en était évidemment une autre, et plus importante encore.

– Des questions ?

Francis Smerecki observait son petit groupe avec placidité. Non, pas de questions pour l'instant.

Cinq minutes plus tard, les U19 traversaient les sous-bois pour rejoindre le réfectoire.

Les proches des joueurs avaient été autorisés à rester, pour l'occasion. Mais le père de Tony était déjà reparti – il avait rendez-vous avec le comptable de la famille qui, depuis que le jeune attaquant avait signé professionnel, gérait les affaires financières.

– Et toi ? Ta famille ?

Tony avait passé un bras autour du cou de son vieil ami.

– Bah, tu sais, moi, je ne suis pas dans la liste des 20 a priori, donc pas la peine de faire déplacer tout le monde.

– Ça peut changer. T'as entendu le coach ?

JB sourit. Un fin liseré de moustache ornait sa lèvre supérieure, nota Tony, et il s'était épaissi – il avait gagné en masse musculaire.

– Ouais, ça changera si notre ami Michael se casse une jambe ou un truc du genre…

Il hocha le menton vers l'attaquant, qui cheminait en avant du groupe, en compagnie de joueurs qu'il semblait bien connaître.

Tony renifla.

– N'empêche, il a fait son chemin, ce crétin.

– Tu lui en veux encore ?

– Ce n'est plus le Tony d'il y a dix ans qui en veut au Michael de l'époque. Faudra que je me décide à enterrer la hache de guerre une bonne fois pour toutes. Cela dit, ça peut attendre un jour ou deux, non ?

Les deux compères s'esclaffèrent.

Dans le réfectoire, une grande partie de l'équipe et des accompagnants avaient déjà pris place. Julian n'était pas encore arrivé – il serait là le soir, d'après JB.

Plateau en main, Tony et son complice cherchaient une table libre quand le regard du jeune attaquant fut attiré sur sa droite.

Michael était là, en grande discussion avec une fille d'une beauté éclatante – grande, de longs cheveux blonds, un sourire radieux. Sa sœur ? Soudain, le joueur posa une main sur sa nuque et approcha sa bouche de la sienne.

Non, définitivement pas sa sœur…

– Hé. On va où ?

Tony secoua la tête. Décidément, ce type était gagnant sur tous les plans. Cette fille était… Il n'avait pas de mots pour dire ce qu'elle était. Belle ? Ravissante ? Non, ça ne suffisait pas. Mais qu'importe, il ne voulait pas en savoir plus, il ne voulait même pas connaître son nom – parce qu'elle était la petite amie de Michael Ribaud.

Pour finir, les deux copains se trouvèrent une table libre à l'autre bout de la salle et avalèrent leur repas en vitesse.

– Des nouvelles de Stan Muizon ? demanda JB en piochant dans son plat de riz sauté.

– Il est cinglé.

– Donc rien de neuf, quoi.

Tony releva la tête. C'était bon d'être au côté de celui qui était son ami depuis dix ans. Ça aidait à se sentir moins seul. Parce que, pour l'instant, on ne pouvait pas dire que les autres joueurs se bousculaient pour l'accueillir...

# 4

## LE MAL-AIMÉ ?

Un appel téléphonique le confirma : Julian allait arriver à Clairefontaine en fin d'après-midi. Lui non plus, prévint JB, qui avait causé cinq minutes avec lui, ne faisait pas partie de la short list des 20. Il était là « au cas où ». Contrairement à Michael…

– Allez, en route.

Tony, JB et les autres reprirent le chemin des terrains vers 15 heures. Une première séance d'entraînement était prévue, en ce dimanche après-midi gorgé de soleil. Décrassage, étirements, puis quelques exercices balle au pied. Pendant une bonne heure, la petite amie de Michael resta au bord de la pelouse, à encourager son amoureux et à prendre des photos. Tony s'efforça de ne pas lui prêter attention. Il échoua assez lamentablement. Son regard était aimanté. Il essayait d'imaginer à quoi cela pouvait ressembler de tenir cette fille dans ses bras. De l'embrasser. Était-il en train de perdre la tête ?

– Elle te plaît ?

Il sursauta, posa une main sur son cœur. Michael venait de se matérialiser à son côté.

– Pff… T'es malade de me flanquer une trouille pareille !

La jeune fille, qui les regardait tous les deux, adressa un signe de la main à Michael, qui lui répondit.

– Vous êtes ensemble depuis longtemps ? demanda Tony d'un ton badin.

L'autre posa une main sur son épaule.

– Ah, Tony, Tony... Tu n'as pas changé, hein ! Toujours à m'espionner et à m'envier. Quand est-ce que tu grandiras un peu ?

Le jeune attaquant n'en croyait pas ses oreilles. Michael parlait-il sérieusement ?

Il repensa à cette soirée, à Mâcon. Bien sûr, il s'était empressé de se renseigner sur son ancien meilleur ennemi. Michael Ribaud avait rejoint le centre de formation de l'Olympique de Marseille trois ans auparavant, et il tapait désormais aux portes de l'équipe première – sachant que l'équipe en question venait de terminer deuxième du championnat de France.

En fin de saison, le jeune attaquant avait joué quelques minutes ici et là, et, s'il n'avait pas marqué, Didier Deschamps, le sélectionneur, lui avait laissé entendre qu'il comptait sur lui l'année prochaine. Tout allait donc pour le mieux pour l'ancien de l'UFM, passé par l'AJ Auxerre. Cependant, le parcours de Tony était plus impressionnant encore. Et lui était sûr de jouer en Liga l'année prochaine. Pourquoi aurait-il été jaloux ?

Il allait répondre quelque chose à Michael, quand il s'aperçut que celui-ci était déjà parti rejoindre sa belle. Tony se détourna ; il en avait assez vu.

***

Le soir venu, dans une salle de projection aménagée spécialement pour l'occasion, les U19 purent assister à la victoire historique des Espagnols contre les Pays-Bas. C'était la première fois que la Roja – Piquié, Ramos, Puyol, Iniesta et tous les autres – soulevait une Coupe du monde. Assis au premier rang, Tony n'en perdit pas une miette. Et éprouva un léger vertige à l'idée de retrouver l'essentiel de ces joueurs l'année prochaine, dans le championnat ibérique.

Il avait presque oublié Michael. Sa copine était partie – un soulagement –, et Julian était arrivé, avec ses blagues sophistiquées et ses cheveux en bataille. Comme il avait changé, lui aussi – il mesurait désormais un mètre quatre-vingt six –, et comme Tony était heureux de le retrouver !

Ce soir-là, après le match, les trois amis restèrent longtemps à discuter dans la cage d'escalier, après l'extinction des feux. Ils étaient convenus de se retrouver à 23 h 30 au rez-de-chaussée, et ils étaient arrivés tous les trois avec cinq minutes d'avance au rendez-vous.

À présent, il leur fallait parler à voix très basse, presque en chuchotant. Assis entre ses deux « frangins », comme il les appelait, Tony buvait du petit-lait.

– Et ta sœur ? lui demanda Julian après qu'ils eurent épuisé les sujets du jour – le foot, le foot et encore le foot.

Tony se lissa les sourcils.

– Elle est à Las Vegas ou je ne sais quoi. Je pensais que tu aurais plus de nouvelles que moi.

Le jeune gardien secoua la tête d'un air navré. Lui et Maud ne s'écrivaient plus comme avant, chacun était, semblait-il, passé à autre chose.

– Mais vous êtes sortis ensemble ? s'enquit Tony, curieux.

Julian eut un geste qui voulait dire « plus ou moins ». Il se racla discrètement la gorge.

– En vrai, on était mieux comme amis. Et puis… J'ai rencontré une fille à Paris, l'hiver dernier. Gabrielle, la petite sœur de l'un des kinés du PSG… Elle est vraiment…

Tony montra un signe d'agacement.

– Tout le monde a une copine ici, ou quoi ? JB ? T'as quelqu'un, toi aussi ?

L'intéressé lui fit comprendre d'un vague haussement d'épaules que oui, possiblement, il avait quelqu'un.

– Mais on ne se voit que les week-ends.

Je lui ai dit que j'avais une carrière, et elle a compris.

Tony ne put s'empêcher de sourire. La discussion, rapidement, revint au football. La Coupe du monde, d'abord, le règne sans partage de l'Espagne sur la planète du ballon rond (la Roja avait remporté l'Euro 2008), la terrible déconfiture des Bleus, les conséquences inévitables que cette déroute allait entraîner, le temps qu'il faudrait à l'équipe de France pour se remettre en selle – des mois, des années, peut-être ? – et la responsabilité qu'ils sentaient peser sur leurs épaules, eux, les petits nouveaux, les futurs grands de demain, qui sait ?

Ce qui les amena à reparler du championnat d'Europe, des enjeux qui se présentaient pour chacun d'eux.

Des trois amis, le jeune attaquant était le seul à faire partie de la sélection principale ; les deux autres avaient peu de chances de fouler la moindre pelouse. Pourtant, le doute rongeait Tony.

– Ils m'ont appelé au dernier moment. Je n'ai jamais joué en U19. Vous ne trouvez pas ça louche, vous ?

JB lui flanqua un coup de coude.

– Dis, tu veux qu'on s'apitoie sur ton sort ?

Tony soupira.

– Non. Bien sûr que non. Vous savez, je me suis toujours dit que j'y arriverais : qu'un jour, je jouerais en bleu. Ça a dû me prendre en 1998. Eh ouais, ça me paraît si loin. Mais aujourd'hui... Je ne me sens pas complètement à ma place. D'abord, je vous jure, des fois, j'ai du mal à parler français.

Dans l'obscurité, Julian sourit.

– C'est pas nouveau.

Tony lui adressa un signe obscène. Les trois amis pouffèrent en silence. Ils étaient si heureux de se retrouver ici, aux portes du rêve, après toutes ces années.

– Vous pouvez vous moquer, mais je ne blague pas. À force de causer espagnol tout le temps, des fois, je ne trouve plus l'expression juste.

– Tu en as, des problèmes ! railla Julian.

Le jeune attaquant haussa les épaules. Il ne paraissait pas avoir entendu son ami.

Le fait est que, à part ses deux copains, il ne s'était encore lié avec personne, ici. Et son échange avec Michael n'avait sans doute pas arrangé les choses.

Le doute faisait partie de sa vie de footballeur, de la vie de *tout* footballeur, mais ces temps-ci, alors que les étoiles semblaient plus que jamais alignées pour lui, il le ressentait avec une acuité redoutable. Pourquoi tenait-il tant à jouer en équipe de France ? Était-ce uniquement un rêve d'enfant, une question de fierté, ou y avait-il autre chose ?

Il repensait au rêve qu'il avait fait à San Sebastián, il essayait toujours d'en déchiffrer le sens, et ce sens se refusait à lui.

Pour l'instant.

# 5

# À QUI PERD GAGNE

Le jeudi suivant, un bus spécialement affrété emmenait les U19 à Caen, où devait se jouer la première rencontre.

L'ambiance était surréelle. Cette Coupe du monde, terrible pour l'équipe nationale, avait laissé des traces. Tout le monde semblait désireux de passer à autre chose, mais les articles se multipliaient dans la presse, qui essayait de trouver la raison du fiasco et de désigner des coupables. Jamais, sans doute, le monde du foot français n'avait traversé une telle crise. Et le coach conseillait à ses joueurs de ne pas trop lire les journaux.

Le vendredi, sur un terrain situé près de leur hôtel, les jeunes joueurs poursuivirent leur préparation.

Francis Smerecki testait plusieurs configurations avec ses adjoints, il commençait même à réfléchir à une équipe type, mais le fruit de ses cogitations restait encore secret.

Vers 16 heures ce jour-là fut organisée une confrontation 11 contre 11, sur tout un terrain. Dans les tribunes, les parents et les amis avaient été conviés.

Si Alain Grizi avait, une fois encore, fait le déplacement, le reste de la famille arriverait plus tard, pour le second match.

Au coup d'envoi, Tony jeta un œil vers les gradins. Hélas ! « Elle » était là : celle dont il ne connaissait pas le nom – et fallait-il qu'il le connaisse ? Voilà qui n'allait pas l'aider à trouver la sérénité.

– On se replie ! hurlait le coach sur son banc de touche. Allez, tout le monde fait l'effort.

Le jeune attaquant obéit presque mécaniquement. Il était dans l'équipe des bleus. Les autres – JB et Michael – avaient revêtu des chasubles rouges. Quant à Julian, il avait pris place sur le banc des remplaçants. Y avait-il des enseignements à tirer de cette composition ? Comme d'habitude, Tony décida de ne pas se poser trop de questions. Peu à peu, il rentra dans son match. Se procura deux actions, adressa à l'un de ses partenaires une passe qui aurait pu être décisive si le ballon ne s'était pas écrasé sur le poteau.

Il commençait à prendre ses marques. Concentré, affûté, faisant abstraction de tout ce qui n'était pas le jeu. C'était maintenant, comprit-il, maintenant que ça se jouait, c'était maintenant, à n'en pas douter, que le sélectionneur allait décider qui jouerait dimanche et qui ne jouerait pas. La pression était grande, mais Tony avait appris à gérer ce genre de situation. Contrairement à certains de ses partenaires, il n'était pas paralysé par le stress. Au contraire, il se sentait pousser des ailes.

La mi-temps approchait, lorsqu'un coup franc fut sifflé, légèrement excentré, à trois mètres à peine de la surface de réparation. Tout le monde, dans l'équipe, commençait à connaître le talent du jeune attaquant pour cet exercice, et nul ne broncha, du côté des bleus, lorsqu'il s'empara du ballon.

Tony respira.

Des gens criaient-ils, dans les tribunes ? Si c'était le cas, il ne les entendait pas.

Une jeune fille blonde le suivait-elle des yeux, en cet instant fatidique ? Peut-être, mais il ne la voyait pas.

Une course tranquille, un tir puissant du plat du pied, brossé exactement comme il le voulait : une seconde plus tard, le ballon allait se loger dans la lucarne gauche, hors d'atteinte du gardien adverse. Tony leva un poing vers le ciel, sans un regard pour les tribunes. Il faisait ce qu'il fallait – rien de plus, rien de moins.

On jouait depuis plus d'une heure, en seconde mi-temps, lorsque, sur une action anodine (le long de la ligne de touche, dans la partie de terrain adverse, il cherchait à donner le ballon à un latéral, mais personne n'était démarqué), le jeune attaquant eut la surprise de voir Michael lui foncer dessus et se jeter sur lui, les deux pieds en avant : un tacle assassin.

Tony eut le réflexe de lever la semelle et de relâcher ses appuis, mais il tomba tout de même.

Il y eut un grognement dans les tribunes, il était à peu près certain qu'il venait de son père, mais il ne prit pas la peine de vérifier. Il se releva, furieux. Ce cinglé aurait voulu lui casser une jambe qu'il n'aurait pas fait autrement.

– Dis donc, ça te prend souvent ?

Michael ne répondit pas. Il restait au sol, se tenait la cheville.

– Putain…

– Ouais, c'est ça. C'est toi qui agresses, et c'est toi qui souffres…

Le coach s'avançait dans leur direction, comme un arbitre venu se rendre compte. Dans un match officiel, une telle action aurait pu valoir un carton rouge à Michael.

Cette fois-là, elle ne lui valut rien du tout. Parce qu'il ne se relevait pas. Il s'était *vraiment* fait mal.

Les minutes qui suivirent se révélèrent extrêmement confuses. On sortit d'abord Michael du terrain, le coach eut des mots avec lui, le ton monta quelque peu, puis un médecin et un kiné se penchèrent sur lui, et il se révéla bientôt qu'il s'était fait une entorse à la cheville.

Après quelques hésitations, Francis Smerecki décida de mettre un terme à la rencontre. Les esprits, à la suite de l'action, s'étaient quelque peu échauffés, et visiblement plus personne n'était dans le match. D'abord très en colère, Tony s'était assez vite calmé – plus vite que JB, en tout cas, qui avait très envie d'aller dire deux mots à Michael.

L'annonce de la blessure, toutefois, fut un choc pour tout le monde. L'attaquant en avait au moins pour plusieurs semaines. Le championnat d'Europe s'était achevé pour lui avant d'avoir commencé, et il allait falloir lui trouver un remplaçant.

Alain Grizi, qui était descendu des tribunes, vint échanger quelques mots avec son fils, puis avec le coach. Le constat était clair : Michael avait un peu pété les plombs, mais il ne méritait pas ce qui lui arrivait. Il était difficile, pour JB et quelques autres, de ne pas penser qu'il avait été puni par là où il avait péché.

– Tony ?

Le jeune attaquant sortait des vestiaires avec Julian, son sac de sport en bandoulière.

Il se figea, interdit, en voyant à qui appartenait la voix féminine qui l'avait interpellé. La copine de Michael avait prononcé son nom avec, dans l'expression, une nuance de crainte qui le désarçonna complètement.

– Oui ?

– Je peux te parler cinq minutes ?

Julian pressa l'épaule de son ami.

– Je te retrouve à l'hôtel.

Tony hocha la tête.

– Qu'est-ce que tu veux ?

Un sentier partait vers les sous-bois. La jeune fille s'y engagea, invitant le jeune attaquant à la suivre.

La voir de près, sentir son parfum était encore plus douloureux qu'il ne l'avait imaginé. Il n'avait pas ressenti ça depuis la belle Audrey, la jolie brune sur qui il avait craqué quelques années plus tôt… Il avait presque oublié l'effet que ça faisait, ces papillons dans le ventre.

Le pire, c'est que la belle blonde qui lui faisait face n'avait visiblement pas du tout conscience de l'effet qu'elle produisait sur lui.

– Il s'excuse, lâcha-t-elle au bout de quelques mètres.

– Mmh ? fit Tony, rappelé à la réalité.

– Je dis : il s'excuse. Il est désolé d'avoir fait ça. Il prétend que c'est bien fait pour lui.

– Je suis moi-même… désolé, murmura le jeune joueur.

Elle se passa une main dans les cheveux. Comme il aurait aimé accomplir ce geste à sa place…

– C'est idiot. Parce qu'il a raison, c'est bien fait pour lui. Il m'a beaucoup parlé de toi, tu sais ?

– Ah bon.

– Oui. C'est compliqué. Il n'arrête pas de dire du mal de toi, et en même temps il t'admire énormément.

– Comment tu sais ça ?

Ils s'étaient arrêtés. Son regard exprimait un mélange de force et de mélancolie tout à fait irrésistible. Mieux valait regarder ailleurs.

– Parce que… je suis avec lui depuis deux ans. Je commence à bien le connaître, tu sais. C'est un super mec – sans quoi je ne serais pas amoureuse de lui. Mais il est clair que, avec toi, il a merdé. Dès le début. Vous auriez dû être amis.

– Je ne sais pas.

Elle lui sourit – un sourire tout à fait énigmatique.

– Vous vous ressemblez bien plus que vous ne semblez le croire.

*Alors pourquoi es-tu avec lui ?* songea Tony.

– Je ne sais pas, répéta-t-il.

Oh, mais quel crétin…

La jeune fille leva les yeux au ciel. Étaient-ce des mouettes, là-haut ? Il ne savait même pas comment elle s'appelait.

– Écoute. J'espère que tu sauras lui pardonner. Il est idiot, c'est tout. Vous allez faire un grand championnat, j'en suis certaine. Et il sera là pour vous supporter.

Tony lâcha un soupir.

On ne peut pas gagner sur tous les tableaux : c'est ce que lui avait toujours répété son père. Ce soir, il comprenait à quel point c'était vrai.

– Ton prénom, c'est comment ?

Elle haussa un sourcil.

– Laura.

Il leva un bras. Il aurait voulu lui caresser la joue, tenter quelque chose – il en brûlait d'envie. Au lieu de quoi, il se frotta la nuque.

– Laura, dis-lui que… il n'y a aucun souci entre nous. Dis-lui qu'on gagnera sans lui, mais *pour* lui. Dis-lui aussi que…

– Oui ?

Le jeune attaquant ferma les yeux.

– Il a de la chance.

– Comment ça ?

Il lui adressa un petit salut militaire et s'en retourna sans rien ajouter, la laissant là, au milieu de la prairie.

*Parfait*, songea-t-il en souriant. Il l'imagina décontenancée, un peu charmée aussi, sans doute. Il ne lui en fallait pas plus.

À présent, il allait rentrer à l'hôtel et se concentrer très fort pour la chasser de son esprit. Il avait un championnat à jouer. Pour l'heure, rien n'était plus important que le football.

# 6

# LE PREMIER BARREAU DE L'ÉCHELLE

– Voici la composition pour ce premier match.

Dans la salle de brief, Francis Smerecki souleva la première feuille du paperboard pour dévoiler la liste des joueurs.

DIALLO Abdoulaye
NEGO Loïc
MAVINGA Chris
FAURE Sébastien
GRENIER Clément
FOFANA Gueïda
COQUELIN Francis
KOLODZIEJCZAK Timothée
KAKUTA Gaël
GRIZI Tony
BAKAMBU Cédric

Des exclamations de surprise, de joie et de déception retentirent dans les rangs. Tony, lui, resta assis sur son banc, grattant une petite croûte de terre sur le dessus de sa chaussure. En réalité, cette titularisation n'était pas une surprise pour lui. Il avait brillé pendant tous les matchs de préparation, il avait marqué plusieurs buts lors des rencontres d'entraînement, il s'était toujours présenté parmi les premiers aux séances, etc.

Tout, maintenant, lui paraissait plus ou moins naturel : une ascension lente et régulière – une échelle gravie barreau après barreau. Mais ses amis lui manquaient déjà, et il était triste pour eux. La veille, quand il avait fallu valider la sélection officielle des vingt joueurs, Julian et JB avaient baissé la tête. Ils ne feraient pas partie de l'aventure, sinon dans les tribunes. Le rêve en bleu se dissipait tel un mirage. C'était, à leurs yeux, un coup d'arrêt sévère, et Tony n'avait pu que compatir à leur désarroi.

Pour autant, figurer dans le onze de départ n'était la garantie de rien du tout. Combien, sur les titulaires de cette rencontre, joueraient encore au plus haut niveau dans cinq ans ? Dans dix ans ? Tout arrivait très vite dans le foot, ascension comme dégringolade. Tony, cependant, avait quelque chose de plus que les autres. Une volonté à toute épreuve, et une confiance inébranlable en son destin.

Onze mille spectateurs avaient fait le déplacement au stade Michel-d'Ornano pour le premier match des U19. Ces derniers jours, la presse avait donné un peu d'ampleur à l'événement en soulignant que l'équipe qui évoluerait ce soir serait peut-être celle de demain. « Qui sait ? s'était pris à rêver le chroniqueur d'un quotidien régional. Peut-être, parmi les jeunes pousses qui fouleront ce soir la pelouse de notre beau stade, découvrira-t-on le nouveau Zidane ou le nouveau Platini ? C'est tout le mal que l'on souhaite à cette génération : nous faire oublier les déboires de celle qui la précède, pour que « bleu » cesse de rimer avec « désaveu ».

Quelques jours plus tôt, sur le site du FC Nantes, Tony avait découvert l'interview de l'un des défenseurs titularisés aujourd'hui. Au journaliste qui l'interrogeait sur l'homogénéité de l'équipe, le jeune joueur répondait : « Sur le terrain, nous avons à peu près tous le même niveau, hormis deux ou trois vraiment au-dessus. Je pense que nous sommes capables de faire de belles choses ensemble. » Puis, quand on l'interrogea sur les chances de l'équipe de France : « C'est chez nous. Il y a tout ce qu'il faut pour être bien. Nous avons l'avantage de jouer à domicile. Nous aurons un petit plus sur les autres. Et puis nous connaissons bien deux de nos adversaires, l'Angleterre et les Pays-Bas, pour les avoir joués à deux reprises. » Tony avait souri. Faisait-il partie des deux ou trois « vraiment au-dessus » ? Une chose était sûre, il comptait au nombre des nouveaux, des pièces rapportées, de ceux qui n'avaient pas affronté les Pays-Bas ou l'Angleterre, justement. Pendant toute la semaine, il avait essayé de se rapprocher de ses partenaires, de leur soutirer des informations. Les anciens ne l'avaient pas envoyé promener, mais n'avaient pas accompli non plus d'énormes efforts pour l'intégrer. En clair, ils demandaient à voir. Le coach semblait dans le même état d'esprit. Il parlait peu, mais le fait qu'il attendait beaucoup de son jeune attaquant ne faisait guère de doute. Étonne-moi. Fais-moi rêver.

Tony ne marqua pas, ce soir-là, mais par ses appels de balle, ses débordements, son activité inlassable sur le front de l'attaque, contribua pour une bonne part au succès de son équipe.

À la mi-temps, la France menait déjà 2-0, et dominait assez largement son sujet.

Dans les vestiaires, pourtant, le coach n'affichait pas un optimisme démesuré. Pour lui, l'équipe présentait des failles, elle était coupée en deux ; il fallait que les attaquants se replient plus rapidement.

De retour sur le terrain, Tony appliqua les consignes. Il faisait chaud. Il commença à fatiguer. Sur la réduction du score par les Néerlandais, à la 55e minute, il se trouvait loin de l'action. À la 73e minute, son coach le fit sortir, et un certain Alexandre Lacazette prit sa place, qui redynamisa l'attaque.

Le sort du match se scella dans les

derniers instants, avec un but contre leur camp des Pays-Bas à la 84e, et une aggravation du score dix minutes plus tard, dans les arrêts de jeu.

4-1 ! La mission était largement accomplie, la défaite en amical, quelques mois plus tôt, ne ressemblait plus qu'à un mauvais souvenir et, même si le score pouvait sembler flatteur, il y avait de quoi se réjouir. Ce qui fit, dès le lendemain, une presse enthousiaste. « Cédric Bakambu, Gaël Katuka, Francis Coquelin et compagnie ont épaté Laurent Blanc et Gérard Houiller, présents à Caen pour la démonstration de nos jeunes face aux Néerlandais. Un festival offensif, des actions somptueuses, des récupérations acharnées, des contrôles en pleine course et des centres diaboliques… Non, nous ne parlons pas des A, mais bien du match d'ouverture de l'Euro 2010 des *Under-19*, des futurs grands qui en veulent et ne risquent pas, eux, de sécher les entraînements (suivez mon regard). »

À la table du petit déjeuner, Tony referma son journal et consulta son téléphone portable. Son père l'appelait tous les jours maintenant, pour l'encourager, lui donner des conseils.

« Je t'ai senti presque timoré. Tu as travaillé pour l'équipe, c'est très bien. Mais il faut que tu t'imposes, maintenant, que tu te mettes en valeur, que tu prennes les commandes. Tu es un attaquant, un buteur. Tu dois marquer. Il faut que les gens apprennent à connaître ton nom. »

Le deuxième match, le mercredi suivant, avait lieu contre l'Autriche, à Flers, une petite ville de 15 000 habitants à une heure de route de Caen.

Tony et les autres avaient pu voir, en vidéo, le match des Autrichiens contre les Anglais – une défaite 3-2, et une rencontre particulièrement disputée.

– Pour eux, prévint le coach ce jour-là lors de sa causerie d'avant match, les données sont claires : ils *doivent* gagner.

S'ils perdent, ils sont éliminés. Nous, si nous gagnons, nous aurons fait un grand pas… et nous serons qualifiés pour la coupe du monde en Colombie. Mais je ne veux pas que vous pensiez à ça. Je veux une victoire sans calcul et sans contestation. Je veux que vous montriez à nos adversaires qui vous êtes ; je veux que nous inspirions de la crainte. Nous sommes en France, toute la Normandie est derrière nous.

Tony, une fois de plus, était titulaire. Sa performance lors du premier match avait été jugée « sérieuse » par le staff, et son implication à l'entraînement exemplaire.

Le match avait lieu à 18 heures, sous un soleil radieux et devant un public clairsemé.

Tony s'était décidé à suivre les conseils de son père. Pendant la séance d'échauffement, il semblait monté sur ressort : débordant d'énergie, prêt à en découdre.

Dès la 19e minute, il ouvrit le score, sur une passe lumineuse d'un milieu de terrain. Une joie indescriptible l'envahit, tandis que, figé sur le côté du terrain, il regardait ses partenaires accourir vers lui. Son premier but en bleu !

Il en marqua un deuxième, à la 73e minute, pour le 3-0… peu après la rentrée de son partenaire Alexandre Lacazette, qui s'était déjà illustré en doublant la mise quelque temps plus tôt.

Le même Lacazette, en fin de match, s'offrit le but du KO : 5-0 score final – cette fois, il n'y avait pas grand-chose à dire.

Grizi et Alex, comme les appelaient désormais affectueusement leurs partenaires (oh, comme Tony était heureux d'entendre de nouveau ce surnom !), avaient mis les Autrichiens à genoux.

– Attention, prévint toutefois le coach lors du débrief. Les Pays-Bas ont battu l'Angleterre. Je n'ai pas fait les calculs, mais si les Anglais nous battent, que les Néerlandais gagnent contre l'Autriche, nous pourrions très bien prendre la porte. Rien n'est joué !

La rencontre contre l'Angleterre se disputait à Saint-Lô le samedi suivant. Les Français étaient premiers de leur groupe, et savaient qu'un nul leur suffirait pour garder leur position et accéder aux demi-finales.

Tony, à sa grande surprise, avait pris place sur le banc des remplaçants – Alex aussi. Visiblement, le coach avait voulu faire confiance à ses attaquants habituels, les plus expérimentés, mais, pour le natif de Mâcon, la pilule était dure à avaler après sa démonstration contre l'Autriche. Le spectacle offert lors de la première mi-temps ne fut pas de nature à le réconforter. Le score était toujours de 0-0. La maîtrise technique était certes française, mais elle ne suffisait pas pour faire la différence. Le quatuor offensif des Bleuets manquait de soutien face à une défense anglaise regroupée et plus solide dans les duels. Il fallait créer des brèches dans le bloc anglais, martela le coach dans les vestiaires. Mais se méfier, tout de même, des latéraux anglais, très dangereux lorsqu'ils repiquaient vers l'intérieur.

Tony ne rentra qu'à la 73e minute, et ce n'était pas le moment le plus simple. La France ayant ouvert le score en début de seconde mi-temps, les Anglais, jouant leur va-tout, se ruaient à présent à l'assaut, et leur 3-4-3 étouffait complètement la défense des Bleuets. Seul en pointe, Grizi levait souvent le bras pour demander le ballon et ne le recevait quasi jamais. Lacazette, entré dix minutes plus tôt, était tout aussi sevré d'actions, et les attaquants échangeaient des regards sombres. Descendre d'un cran, voilà tout ce qu'ils pouvaient faire. Mais ce n'était pas suffisant. Les Anglais avaient appris que les Pays-Bas étaient en difficulté dans leur match contre l'Autriche. Un but, et un seul, et ils pouvaient se qualifier eux aussi. Ils le marquèrent finalement à la 93e, profitant d'une erreur de concentration de la défense française. Tony sentit un frisson remonter le long de son échine.

Perdre ce match-là ? Impossible ! De fait, le soulagement fut général lorsque l'arbitre de la rencontre porta son sifflet à ses lèvres.

1-1.

Ce n'était pas glorieux, mais c'était suffisant pour accéder aux demi-finales. Et la qualification pour le mondial colombien était acquise !

# 7

# CE N'EST QU'UN DÉBUT

Une bulle : Tony et les autres étaient enfermés dans une bulle.

La famille du joueur mâconnais était arrivée en Normandie pour assister aux deux derniers matchs, mais il n'avait même pas pu embrasser les siens. Il ne pensait qu'au tournoi. L'idée de la victoire l'obsédait littéralement. Pour lui, dorénavant, tout était un signe. Premier championnat en bleu, première sélection, premier match gagné, premier but ensuite : l'histoire ne pouvait s'achever que sur une victoire.

La nuit venue, il faisait des rêves étranges. Il était en Colombie, dans une grotte, il menait un petit groupe, derrière lui des gens pleuraient ou priaient, il ne savait pas trop, et cependant il ne ressentait nulle crainte. Le matin, avant même le petit déjeuner, il était sur la pelouse du terrain d'entraînement et faisait des jongles. Francis Smerecki ne commentait pas, mais il était impressionné par la détermination de son jeune attaquant qui, malgré une saison pleine jouée en Espagne, paraissait au top de sa forme. Aussi fut-ce sans surprise qu'il le coucha sur la feuille de match de la demi-finale : France-Croatie, le mardi 27 juillet à Caen.

Julian et JB, qui avaient passé des vacances plus ou moins improvisées à Paris, étaient revenus eux aussi. Michael ? Aucune trace de lui, pas plus que de sa dulcinée.

Tony s'essayait à la méditation : faire le vide dans son esprit, chasser les mauvaises ondes, les pensées toxiques. Le soir de la rencontre, il se trouvait dans un état de zénitude avancé.

Le match ne débuta pourtant pas sous les meilleurs auspices. On ne jouait que depuis quatre minutes lorsque, sur un coup franc lointain, un joueur croate sauta plus haut que tout le monde, plaçant le ballon hors d'atteinte du gardien. Les Bleuets, pourtant, ne se désunirent pas. À la 37e, un cadeau de la défense croate (un ballon remis en jeu de la tête, au centre du terrain) permit à Kakuta d'égaliser d'une frappe imparable.

Gaël Kakuta, l'un des leaders de l'équipe, jouait alors à Chelsea comme milieu offensif. Quelques jours auparavant, Tony avait discuté longuement avec lui, et appris à le connaître. Son histoire était assez extraordinaire.

Il avait rejoint Chelsea en juillet 2007. Intégré à la réserve, il était vite devenu l'un des joueurs clés de sa formation et avait été désigné en fin de saison « meilleur joueur de l'année ». L'année suivante, il avait poursuivi sa formation au sein de la même équipe, avant de signer un contrat pro en 2009.

Le 17 janvier 2009, il avait été appelé en équipe première pour un match de championnat face à Stoke City. Le début d'une carrière faramineuse ? Pas vraiment : au début de février 2009, il s'était fracturé la jambe et la cheville à l'entraînement, et était resté indisponible pendant huit mois. Puis, au moment de revenir, il avait été suspendu de toute compétition pour une durée de quatre mois à la suite d'un conflit opposant son club formateur, Lens, à Chelsea. Finalement, la suspension avait été levée, et Chelsea avait signé aux Lensois un chèque de près de trois millions d'euros. Le 8 décembre de cette même année, Gaël Kakuta était entré dans l'histoire de Chelsea en devenant le plus jeune joueur à être titularisé en Ligue des champions, face au club de l'APOEL Nicosie. Il était alors âgé de dix-huit ans, cinq mois et dix-sept jours.

Tony en était resté cloué sur place. La Ligue des champions ? Incroyable ! Sur le coup, il en avait même conçu une certaine jalousie. Puis, comme toujours avec lui, la mauvaise vibration s'était dissipée. Et il s'était promis de la jouer lui aussi, cette Ligue des champions. Avec la Real ou ailleurs, le plus tôt possible. Chaque jour ou presque, il se fixait un nouvel objectif. Il ne suffisait pas d'être bon, d'être pro, de jouer chez les Bleuets. Il fallait être le meilleur.

En attendant, l'arbitre venait de siffler la mi-temps. 1-1 : tout le stade d'Ornano avait applaudi, rassuré par l'égalisation, persuadé que ses favoris avaient les moyens d'aller jusqu'au bout.

À la 50e minute, sur un coup de franc lointain, Tony cadra une frappe puissante qui faillit surprendre le gardien adverse. L'action électrisa ses coéquipiers, et le stade commença à entrer en ébullition. Les Croates, cependant, ne demeuraient pas inactifs. Plus le chrono tournait, plus l'équipe qui marquerait prendrait un avantage déterminant.

Des frissons, à plusieurs reprises, parcoururent les tribunes. L'équipe de Croatie était constituée de joueurs expérimentés, qui avaient l'habitude de jouer ensemble et paraissaient très solides mentalement. Dans ce dernier quart d'heure, le ballon allait d'un but à l'autre, et personne ne dominait vraiment. Puis vint la 83e minute. Un décalage précis de Tony sur un milieu de terrain, une passe au millimètre pour Cédric Bakambu, entré peu de temps auparavant, et une frappe décroisée parfaitement ajustée… Une immense clameur souleva le public caennais. À 2-1, la messe n'était pas dite encore, mais les Français étaient galvanisés.

À quelques secondes de la fin du match, alors qu'un joueur croate menaçait de repartir de l'avant, Tony se fendit d'un tacle implacable, qui l'arrêta net. Tout de suite après, l'arbitre siffla la fin du match, et les Bleuets se mirent à courir dans tous les sens, fous de joie.

– On est en finale ! On est en finale ! On est, on est…

# 8

# EFFACER LE PASSÉ

Mâchonnant un cure-dent, mains dans les poches, le coach toisait ses joueurs avec sévérité.

Cette fois encore, Tony était titulaire. Rien d'autre ne lui importait en cet instant.

– Vous vous souvenez de la rencontre contre les Anglais, n'est-ce pas ? Vous vous rappelez combien il a été difficile de mettre ne serait-ce qu'un but à cette équipe ? (Dans le vestiaire, on n'entendait pas une mouche voler.) Eh bien, les Espagnols leur en ont mis trois. Et est-ce que je dois rappeler à certains d'entre vous la défaite 4-0, concédée en finale de l'Euro des U17, il y a deux ans ? Voilà, ce n'est pas compliqué : il va falloir les étouffer, leur faire peur. C'est une équipe qui sait tout faire, qui joue vers l'avant.

À son entrée sur le terrain, Tony marqua un temps d'arrêt. Le stade de Caen était plein – 20 000 spectateurs au moins –, les drapeaux français tourbillonnaient, mais le plus impressionnant, c'était de songer à ceux qui se trouvaient dans ces tribunes.

Quelque part, le jeune attaquant le savait, ses parents avaient pris place, et puis Théo, Maud, et ses amis Julian et JB, bien sûr ! Djib avait fait le déplacement, lui avait dit son père, qui lui avait trouvé un billet au dernier moment. Savaient-ils que Michel Platini lui-même était dans les gradins ? Laurent Blanc et les autres ? Le président de la Ligue ?

C'était le match à ne pas manquer, comprit le jeune attaquant. Ce soir, sa sérénité en prenait un coup. Comment devait-il aborder cette rencontre ? En restant près de ses milieux, ainsi que le lui avait recommandé le coach ? En essayant de se mettre en évidence ? Il avait du mal à se décider.

Et il en était encore à se poser la question lorsque l'arbitre donna le coup d'envoi.

Faire peur aux Espagnols, avait recommandé Francis Smerecki. Las ! Comme souvent dans le football, les choses ne se passèrent pas comme prévu. Dès la 18e minute, l'Espagnol Rodrigo, sur une lumineuse ouverture de Pacheco, échappait à la défense centrale côté gauche et trompait d'une frappe croisée le gardien français, mal placé sur l'action. La première période laissait augurer le pire pour les Français, ballottés et comme transis face au bloc des Espagnols. À l'image de leurs aînés, fraîchement sacrés champions du monde en Afrique du Sud, ces derniers alliaient possession de balle et acuité technique, et donnaient le tournis à la défense. Tony, qui n'avait touché que peu de ballons, s'était illustré sur des corners bien frappés – et c'était à peu près tout.

À la mi-temps, le coach avait la tête des mauvais jours.

– Qu'est-ce que vous avez à perdre, hein ? Vous pensez qu'ils sont meilleurs, vous pensez qu'ils jouent plus juste ? C'est peut-être le cas, d'accord. Et puis quoi ? Vous, vous avez la hargne ! Vous, vous avez le public ! Vous, vous voulez brandir cette coupe, ce soir, pour ce public, pour ces champions qui sont venus vous voir pour ces gens qui ne vous connaissent pas et qui peut-être, si vous gagnez, se souviendront de vous encore dans dix ans ! Allez, on ne lâche rien, on se jette au combat. Je veux des guerriers, vous m'entendez ? Des guerriers !

Tony était rentré sur le terrain comme les autres – avec l'idée d'en découdre, avec l'idée qu'il ne fallait rien regretter.

Dès la première action, cependant, un mauvais tacle espagnol le fit rouler au sol en se tenant la cheville.

*Non. Non, pourquoi moi, pourquoi maintenant ?*

Un soigneur vint aux nouvelles. L'aida à se remettre debout. Tâta sa malléole.

– On ne va pas prendre de risques…

Tony jeta un regard désolé à ses coéquipiers. Les abandonner, dans un moment pareil… Il en avait les larmes aux yeux. Yannis Tafer, son remplaçant, le serra longuement dans ses bras.

– Gagnez pour moi, bredouilla Tony.

C'était tout ce qui lui restait à espérer, maintenant. Et il comprit une chose, ce soir-là, assis sur le banc des remplaçants, une poche de glace pressée sur sa cheville endolorie. Le plus important, ce n'était pas lui. Le plus important, c'était l'équipe. La victoire !

Il songea à JB et Julian, quelque part dans les tribunes, qui n'avaient même pas joué une minute. Il pensa à Michael. Comment vivait-il cette finale ? Y assistait-il seulement ?

Quoi qu'il arrive, pensa Tony à la reprise du match, tu auras participé à cette finale, et tu auras joué ton rôle. Si jamais la France gagne…

Le reste se passa comme un songe. Dès la 49e minute, Tafer, qui était entré à la place de Tony, adressa une passe décisive à Sunu, qui loba le gardien venu à sa rencontre. Les Français, dès lors, étaient transfigurés : par l'enjeu, par le soutien du public, par la certitude que la victoire était là, à portée de main.

« Fais de ton rêve une réalité… » Tony, aux anges, avait relevé sa manche, découvrant son tatouage, et le caressait comme un grigri. À force de courir, de résister, de serrer les dents, de pousser quand ils en avaient l'occasion, à force de rester groupés, unis, de se sacrifier les uns pour les autres, les Français réussirent à doubler la mise. Il y eut cette percée plein axe de Kakuta, qui se heurta d'abord au gardien ibérique, avant – très intelligemment – de centrer au second poteau pour Lacazette – lequel n'eut plus qu'à pousser le ballon de la tête au fond des filets. On jouait depuis quatre-vingt cinq minutes, et le stade était en feu ! Malgré sa cheville, Tony se précipita vers ses partenaires pour participer à la grande embrassade. Plus rien, semblait-il, ne pouvait arriver à ces Bleuets.

Dans les dernières secondes, n'y tenant plus, Tony et les autres s'étaient levés et attendaient, au bord du terrain, que vienne la délivrance.

Le coup de sifflet final fut noyé sous une explosion de joie. Quelle fierté ! Les Espagnols, abattus, restaient prostrés sur le terrain tandis que les Français couraient en tous sens, plus personne ne sachant où donner de la tête. Ce n'était que le début, bien sûr, ce n'était qu'une finale de Bleuets – de toute évidence, personne, ailleurs que dans ce stade, ne fêterait la victoire des jeunes Français –, mais la joie était à son comble.

Entouré par ses joueurs qui voulaient le porter en triomphe, Francis Smerecki les prit l'un après l'autre dans ses bras. À Tony, qu'il gratifia d'une longue étreinte, il glissa un « merci » ému, puis lui confia qu'il comptait sur lui pour la campagne colombienne. Indéniablement, « Grizi » avait marqué les esprits, au sein de l'équipe et dans les tribunes. Son avenir s'inscrirait en bleu – s'il gardait le même esprit de sérieux et d'implication.

– Petit frère deviendra grand…

Le jeune attaquant se retourna. Sa sœur, Maud, était descendue le long du terrain pour le prendre dans ses bras.

Puis ce fut au tour de Théo, qui lui boxa un biceps en lui expliquant, sans oser le regarder, qu'il était « méga fier de lui », et enfin de sa mère, qui se contenta de lui sourire – est-ce que ça ne valait pas tous les discours ? Tony sourit aussi et, dans le tourbillon bigarré qu'était devenue cette folle soirée, s'abandonna à l'affection des siens.

La famille, *sa* famille était plus que jamais à son côté pour affronter l'avenir, et il n'était rien sans elle.

– Merci, les Bleus ! Merci, les Bleus !

Dans les gradins, un supporter isolé (tous ses amis avaient apparemment déserté les lieux) continuait d'agiter un grand drapeau tricolore.

Merci d'avoir lavé la honte de Knysna lors du Mondial, et de ces joueurs en grève – de cette pathétique élimination.

– Beau travail, mon fils, déclara Alain Grizi au sortir du stade. Maintenant, tu dois faire en sorte qu'ils ne puissent plus se passer de toi.

Il était plus de minuit lorsqu'ils se dirigèrent vers le parking.

Le ciel était constellé d'étoiles. Tony leva les yeux. Quelque part, là-haut, il y avait la sienne.

« Cette équipe des moins de 19 ans fait souffler un vent de fraîcheur sur le football français, se félicita dès le lendemain dans la presse le président de la Ligue, Frédéric Thiriez. Ces Bleuets sont l'avenir des Bleus. Ils ont montré cette envie et cet esprit collectif qui sont les ingrédients de la réussite. »

# 9

# AURRERA MUTILAK !

Les gens l'appréciaient de plus en plus. Quelque chose s'était noué avec le public. À quoi cela tenait-il ? À sa jeunesse ? À ses boucles blondes ? À son éternelle bonne humeur ? Difficile à dire. Chaque match était un combat, et Tony était loin, très loin de marquer chaque fois. Mais cela faisait longtemps qu'un jeune formé au club n'avait pas éclaté en équipe première, et de plus en plus, aux abords d'Anoeta, on voyait des enfants porter un maillot n° 27 floqué de son nom : Grizi.

Le jeune attaquant, en retour, se sentait porté, encouragé. Et essayait de rendre aux supporters le bonheur que leur soutien lui donnait.

La saison promettait d'être difficile. Le coach Lasarte n'avait jamais promis le contraire. Mais difficile à ce point ?

Tout avait pourtant bien commencé : une victoire par 1-0 le 29 août contre Villarreal, suivie deux semaines plus tard d'un nul face à Almería qui, à quelques secondes près, avait failli être une victoire. Mais la 3e journée marquait un affrontement contre le Real Madrid – celui de Higuaín, Ramos, Özil, Di María et Cristiano Ronaldo.

Tony eut beau offrir à l'un de ses partenaires le but de l'égalisation, il ne put éviter à son équipe de subir sa première défaite de la saison, 1-2.

– Ce sont des monstres, expliqua-t-il ce soir-là à sa sœur au téléphone.

Des monstres qui, cette année-là, allaient se hisser jusqu'aux demi-finales de la Ligue des champions, où ils s'inclineraient face au futur vainqueur – le FC Barcelone de Messi.

La Real Sociedad n'en était pas là. Avec la Liga, Tony découvrait le haut niveau, le *très* haut niveau. Il jouait, tout simplement, dans le meilleur championnat du monde, côtoyant des joueurs exceptionnels (Messi, Ronaldo) qui allaient dominer la planète football pendant une bonne décennie et rafler l'essentiel des Ballons d'or.

– J'apprends tous les jours, racontait-il à son père. Des fois, j'ai envie de m'arrêter et de juste les regarder jouer.

Mais s'arrêter était impossible. Il fallait serrer les mâchoires, jouer chaque match couteau entre les dents, grappiller des points, garder les yeux rivés sur le classement. Deux autres défaites avaient suivi celle du Real, donnant le ton pour le restant de la saison, et précipitant l'équipe de San Sebastián dans les bas-fonds.

– On se sauvera à domicile, avait prévenu Tony qui, de plus en plus, prenait des responsabilités au sein de l'équipe.

Il savait ce qu'il disait. Le public de la Real était exemplaire, et poussait ses protégés même dans les situations les plus délicates. Tony lui-même avait les plus grandes difficultés à se mettre en valeur. Pendant sept journées, son compteur personnel resta bloqué à zéro. Peu à peu, sa confiance commença à s'effriter.

Puis arriva le match contre La Corogne. Ce jour-là, sans pouvoir expliquer pourquoi, il sut avec une quasi-certitude qu'il allait marquer. L'adversaire n'était pas une grosse cylindrée. Le moment était venu de prendre un nouveau départ et d'envoyer un signal fort aux supporters.

Avant la rencontre, il alla demander au chef de presse de faire en sorte que les portes de la voiture publicitaire stationnée au bord du terrain ne soient pas verrouillées. Puis il prévint ses coéquipiers.

– Les gars, si je marque, je monte dedans. Parole d'honneur.

Les autres l'avaient chambré, ils ne l'en croyaient pas capable.

– Tu parles trop, disaient-ils. Tu ne vas pas le faire.

– Mais si tu te lances, ajouta l'un d'eux en plaisantant à moitié, promis, on entre avec toi dans la voiture !

Le match commença, et il commença bien. L'expérimenté Joseba Llorente, recrue de l'intersaison arrivée de Villarreal pour plus de deux millions d'euros, ouvrit la marque peu après le premier quart d'heure. La suite de la rencontre fut largement à l'avantage des locaux, mais pendant longtemps il parut impossible de doubler la mise : La Corogne s'arc-boutait et procédait par vives contre-attaques. À la 70e minute, enfin, Carlos Martínez adressa à Tony un centre idéal, qu'il reprit de la tête et propulsa au fond des filets adverses. Score de 2-0, et un premier but, enfin !

À présent, il y avait une parole à tenir. Faisant signe à ses partenaires, Tony sauta par-dessus les barrières et se dirigea vers la voiture garée sur la piste d'athlétisme. Il monta à bord et, tranquillement, comme s'il conduisait, posa ses mains sur le volant tandis que ses coéquipiers s'installaient sur les sièges passagers. Même le capitaine, Xabi Prieto, était de la fête !

Bien sûr, l'arbitre sortit un carton jaune, et Lasarte décida de sortir son attaquant, mais les ovations d'Anoeta suffisaient à Tony, et cette célébration était appelée à rester dans la légende de la Real. Surtout, le jeune attaquant sentait que sa saison était lancée. Ce qui se confirma le week-end suivant à Malaga où, peu avant la mi-temps, Tony inscrivit le premier but de son équipe, contribuant à sa première victoire à l'extérieur.

Son troisième but, il le marqua à Alicante, contre le Hércules de David Trezeguet, l'un des plus grands attaquants des Bleus, dont le poster avait longtemps décoré sa chambre. Malheureusement pour la Real, Trezeguet marqua également, et Hércules l'emporta finalement. Mais le jeune attaquant eut le bonheur de repartir avec le maillot de son idole qui, à la fin du match, vint le féliciter.

– Il faut prendre la relève, maintenant. Tu vises l'équipe de France ?

– Oui, répondit Tony sans ciller.

– Vise plus haut encore. « C'était impossible, ils l'ont fait », voilà ce que doit devenir ta devise.

De la part d'un joueur qui avait marqué 34 buts en équipe de France, c'était un sacré challenge.

Ce genre de rencontre comptait parmi les petits bonheurs d'une saison qui, par ailleurs, se révélait de plus en plus compliquée.

Les défaites s'accumulaient. Celle concédée à Barcelone, le 10 décembre, fut particulièrement cruelle : 5-0, avec un doublé de Messi.

Tony avait joué tout le match, mais ne s'était quasiment pas procuré d'occasion.

Il avait écrit un mail à Stan Muizon, le lendemain. « Ça y est : j'ai compris ce que Napoléon a ressenti à Waterloo. Sauf que moi, je n'étais pas empereur – pas même général. »

« Peut-être qu'on devrait arrêter de parler de ce type, lui avait répondu son ami le soir même. Après tout, on sait comment ça s'est terminé pour lui. »

Pendant ce temps, les U20 préparaient leur coupe du monde en Colombie... sans lui. Tony n'avait pas été convié aux rencontres de l'automne, et ce ne fut qu'en février qu'il retrouva ses coéquipiers, pour un match contre l'Angleterre, remporté 2-1 à l'extérieur. Le jeune attaquant ne joua que la première mi-temps, mais ce fut son une-deux avec Clément Grenier qui permit à celui-ci d'égaliser pour les Français.

Le 17 avril 2011, lors de la 32e journée, et alors qu'il avait été de nouveau écarté de la sélection des U20, Tony Grizi partit jouer le Pérou chez lui, et s'offrit son premier doublé en professionnel pour donner la victoire à la Sociedad contre le Sporting Gijón (2-1). Cet exploit fit le plus grand bien à l'équipe, qui venait de subir cinq défaites d'affilée et se trouvait maintenant en grand danger de relégation.

– Tu te rends compte ? lâcha un jour Tony à Frédéric Odras, qui continuait de le suivre de près et trouvait sa progression « satisfaisante ». Si on descend, ce sera terrible. On aura fait tout ça pour rien. Et moi ? Qu'est-ce que je deviendrai ?

– On ne descendra pas. Mais ça dépend de toi *aussi*. Tu dois jouer pour l'équipe. Les gars comptent sur toi – l'entraîneur, tout le monde !

Les gars comptaient notamment sur lui pour le match du 30 avril contre le FC Barcelone, l'épouvantail de la Liga qui, avec le Real, asseyait sa loi sur les autres équipes.

Malgré le fait que l'équipe de Guardiola

ne se présentait pas tout à fait au complet, Ligue des champions oblige (les Blaugrana, quelques jours plus tôt, venaient de l'emporter 2-0 au Real Madrid), les parieurs ne donnaient pas cher de la peau de la formation de San Sebastián. À quelques exceptions près, l'équipe n'avait rien montré qui puisse laisser supposer qu'elle résisterait au rouleau compresseur de Messi et de ses amis.

Et pourtant !

Ce jour-là, et malgré l'ouverture du score de Barcelone, la Real, portée par son public, l'emporta au terme d'un match exceptionnel. Tony ne marqua pas ce soir-là, mais il joua toute la rencontre et contribua grandement au succès (2-1) des siens.

La Real était presque sauvée.

Du moins était-ce ce que les supporters se disaient. En vérité, leurs favoris rechutèrent dès le match suivant : 3-0 à Valence, un autre ténor de la Liga, cette année-là, assurée de terminer à la 3e place, qualificative pour la Ligue des champions.

Tout restait à faire, et Tony était fatigué.

– Une saison ingrate, expliqua-t-il à sa mère après la défaite. On savait que ce serait dur jusqu'au bout, mais à ce point…

– Que dit l'entraîneur ?

– Lui, il a toujours confiance. Il répète que ça se jouera à la dernière journée. Je ne suis pas sûr qu'il restera, tu sais. Même si on se maintient.

Contre Saragosse, quelques jours plus tard, la Real arracha sa victoire à deux minutes de la fin. Tony, de plus en plus nerveux, avait écopé d'un carton jaune dès la 10e minute. De nouveau, son compteur de buts paraissait bloqué. Alors, il faisait ce qu'il avait toujours fait : il aidait les autres – il essayait d'alléger l'atmosphère, de donner du courage à chacun.

L'avant-dernier match se disputait contre le FC Séville, un nouveau poids lourd qui jouait les premières places. La pression était trop forte pour Tony et les siens : ils s'inclinèrent 3-1. Comme l'avait prédit le coach, tout allait se décider lors du round final. Une ribambelle d'équipes se tenaient dans un mouchoir de poche – deux points les séparaient. La Real n'était pas la plus mal placée, mais pas la plus tranquille non plus. Il fallait à tout prix ne pas perdre, d'autant que Getafe, l'adversaire du jour, n'avait qu'un point de retard, et une meilleure différence de but.

Le sort voulut, ce soir-là, que ni l'une ni l'autre formation ne descende. Menés devant leur public dès la 9e minute de jeu, Tony et les siens ne lâchèrent rien. Le jeune attaquant sortit peu après l'égalisation, saluée par les supporters avec autant de ferveur qu'un but inscrit en finale de Ligue des champions. Il y eut une vraie fête, ce soir-là – un immense moment de soulagement.

Assis au bord de la pelouse, Tony pleurait doucement, sans trop savoir pourquoi.

Il venait d'avoir 20 ans, et il sortait de l'une des saisons les plus difficiles de sa jeune carrière. « Il faudra résister », lui avait glissé

Frédéric Odras en début d'année. « Si, déjà, tu peux résister, ce sera quelque chose. Comme un soldat sur un champ de bataille, tu vois ? Tu ne fais rien d'extraordinaire, mais, à la fin de la journée, tu es toujours là. »

*Je suis toujours là.*

## 10

# PENDANT CE TEMPS, DANS LE JOURNAL...

Parti en Espagne à l'âge de 13 ans, Antoine Griezmann grimpe à toute allure les échelons du football européen, et sera peut-être l'un des grands espoirs de l'équipe de France d'ici quelques années. Titulaire en Segunda División, puis en Liga à 20 ans à peine, le jeune natif de Mâcon, jugé trop menu par les centres de formation français

(il mesure aujourd'hui un mètre soixante treize pour soixante et un kilos) est désormais l'une des valeurs sûres de son club, la Real Sociedad, qui vient d'assurer son maintien en Liga.
« En Espagne, affirme-t-il, on commence à me connaître, mais en France, si vous dites mon nom, personne ne réagit. »
Est-ce bien la vérité ? Il semblerait que, de ce côté-ci des Pyrénées, la réputation du jeune avant-centre commence à s'affirmer. Celui qui a fêté son vingtième anniversaire le 21 mars dernier – en famille, comme toujours – a déjà attiré l'attention de plusieurs responsables de l'Équipe de France. Qui, pour l'instant, le laissent grandir à son rythme.
« J'ai toujours pensé que la chance, la vraie, ne passait qu'une fois, et qu'il fallait la saisir. Mais je reste persuadé, aussi, qu'il faut savoir prendre son temps. Aller trop vite, c'est risquer de se brûler les ailes – on connaît l'histoire. Alors, je patiente. (Il rit…) Enfin, pas trop longtemps quand même. »
À 13 ans, donc, le jeune gaucher rejoint le club de San Sebastián où,

après quatre ans de formation assidue, et à peine majeur, il intègre l'équipe professionnelle. Avec 39 matchs joués et 6 buts inscrits, il a été, l'année dernière, l'une des révélations de la Segunda División, et l'un des principaux artisans de la montée du club en Liga.
« Il ne faut pas s'arrêter à ce bilan, souligne Martín Lasarte, son coach des deux dernières saisons. C'est un joueur généreux, qui déploie une activité inlassable et n'hésite pas à prêter main-forte à son milieu quand la situation devient délicate. Il faut aussi louer son état d'esprit irréprochable. Je crois que c'est un futur grand. »
Cette année, la montée en Liga n'a pas tempéré les ardeurs du jeune joueur, ni modéré son ambition. Il a conservé ses galons de titulaire.
« Pour être honnête, je ne savais pas si ce serait le cas. Je l'espérais, j'ai fait tout pour, je me suis beaucoup donné à l'entraînement lors de l'intersaison, mais, après, on sait que c'est le coach qui décide. Je suis vraiment content de jouer tous les matchs. Même si j'aimerais marquer plus. »

Milieu offensif à la technique affûtée, Antoine Griezmann semble s'être merveilleusement adapté à la Liga – un championnat qui correspond à ses qualités. Il a terminé sa saison sur un bilan de 39 matchs, 8 buts et 3 passes décisives. « C'est vrai que, ici, la technique joue beaucoup plus que le physique, ce n'est pas comme en France. Ce championnat est fait pour moi, je ne me vois pas aller dans un autre pays pour l'instant. Par exemple, je ne suis pas un joueur qui va déborder pour centrer, je suis plus celui qui va rentrer dans l'axe, chercher le une-deux ou jouer en une touche de balle. Dès que j'ai le ballon, j'essaie d'aller de l'avant. Et quand je ne l'ai plus, je me mets au service des autres. »
Ce profil, apparemment, plaît beaucoup à la presse ibérique, qui a fait du jeune prodige de Mâcon l'une des « révélations de la saison », louant sa capacité à « prendre du plaisir sur le terrain, et à jouer sans crainte et sans pression ». Le jeune tricolore, par ailleurs, a débuté l'an dernier avec l'équipe de France des U19, au sein de laquelle il a remporté le championnat d'Europe, et il

se prend désormais à rêver. « J'aimerais bien jouer la Ligue des champions. D'ici, mettons trois ou quatre ans. » Pourra-t-il réaliser ce rêve avec la Real Sociedad ? Cette année, le club n'a sauvé sa tête dans l'élite que de justesse. Mais il n'est pas interdit de voir plus grand.
« Les matchs face au Barça et au Real m'ont vraiment impressionné. Il y a des joueurs fantastiques, là-bas, les stades sont mythiques, et l'ambiance… c'est purement indescriptible. J'aime aussi beaucoup l'Atlético Madrid. Ce qu'ils ont fait l'année dernière, en remportant la Supercoupe d'Europe contre l'Inter Milan, c'est exceptionnel. »
Des contacts ont-ils été noués ? Sur ce sujet, Antoine reste discret.
« Je ne m'occupe pas trop de ces choses-là. Moi, c'est sur le terrain que je dois m'exprimer. Après, on ne sait jamais ce qui peut se passer. »
En attendant, il y a la coupe du monde des moins de 20, prévue cet été en Colombie, et lors de laquelle le jeune attaquant espère bien s'illustrer davantage. Avec une idée derrière la tête ?

« Tout le monde veut jouer en équipe de France, et je mentirais si je disais que ce n'est pas le cas. J'ai des rêves, bien entendu, des espoirs un peu fous, et je les garde pour moi. Mais jouer avec les Bleus, ce n'est pas un rêve : c'est un objectif. Le Mondial 2014 ? Bien sûr que j'y pense. »
Le chemin est encore long, mais Antoine Griezmann semble avoir toutes les cartes en main pour réussir.

*Le Mag Football*, 14 juin 2011.

# 11

## SHOULD I STAY OR SHOULD I GO ?

– *Le Mag Football*, hein ? Tu vois, je ne connaissais même pas.

Alain Grizi referma le journal et le reposa sur le siège vide à sa droite. Lui et son fils s'étaient installés à l'écart, dans la salle d'embarquement de l'aéroport de Roissy-Charles-de-Gaulle.

L'avion pour Bogota ne décollerait que dans deux heures. Le père de Tony avait demandé à prendre le même vol que son fils, et la Fédération française de football avait exaucé son vœu. À présent, c'était l'heure des règlements de comptes.

– Qu'est-ce que je t'ai dit, quand tu donnes une interview enregistrée ?

– De demander à la relire.

– De demander à *nous* la faire relire, aussi. À moi et/ou à ta sœur. Tu sais que nous pouvons t'aider. Tu sais que nous sommes là pour ça.

Le jeune attaquant soupira.

– Papa... Il va falloir quand même que tu acceptes que j'ai 20 ans. Tu étais là quand j'ai soufflé les bougies sur la tartiflette. T'as oublié ?

Grizi père gonfla ses poumons et laissa échapper un profond soupir.

– Frédéric m'a appelé.

– Je sais.

– La Real est furieuse.

– Je sais.

L'homme fronça les sourcils.

– Alors pourquoi tu ne fais pas plus attention ? (Il reprit le journal, l'ouvrit directement à la bonne page, chercha un instant le passage des yeux.) « J'aime aussi beaucoup l'Atlético Madrid. Ce qu'ils ont fait l'année dernière, en remportant la Supercoupe d'Europe contre l'Inter Milan, c'est exceptionnel. » Voilà, premier problème. Second problème : « Je ne m'occupe pas trop de ces choses-là. Moi, c'est sur le terrain que je dois m'exprimer. Après, on ne sait jamais ce qui peut se passer. » Là, tu laisses clairement entendre que tu pourrais partir. Et tout le monde a bien compris où.

– OK, OK… J'ai été maladroit. Mais, en plus, ce n'est pas exactement ce que j'ai dit.

Son père secoua la tête. Quelques semaines plus tôt, à l'instigation de l'agent anglais de Tony, l'Atlético de Madrid avait proposé à la Real Sociedad un chèque de sept millions d'euros... plus le milieu offensif Raúl García. Jokin Aperribay, le président de la Real, avait décliné l'offre : pas question de laisser s'échapper la pépite maison !

Dans la foulée, le club de San Sebastián, devenu méfiant, avait imposé à l'Atlético de Madrid un pacte de non-agression concernant ce dossier jugé épineux, sous peine de ne plus jamais entrer en négociation lors de futurs transferts. La menace avait calmé les ardeurs des dirigeants madrilènes, mais pas celles de l'agent, visiblement, qui parlait maintenant de mettre la pression sur la Real *via* des interviews provocatrices.

Alain Grizi n'appréciait pas ces méthodes.

– Je te l'avais dit, non, que je ne sentais pas ce type ?

Tony acquiesça.

– Ce qui est fait est fait.

– Son contrat court jusqu'au 30 octobre, et il sait que tu ne le renouvelleras pas. D'ici là, il fera sans doute n'importe quoi.

Nous devons surveiller ce qu'il déclare dans la presse, même si nous ne pouvons rien contrôler. Je l'appellerai, s'il le faut.

Tony glissa à son père un sourire en coin.

– Je préférerais que tu ne t'en mêles pas trop, papa.

– J'ai dit « s'il le faut ». En attendant, toi, reste à ta place : tu es un joueur de la Real, tu es encore sous contrat, c'est ce club qui t'a donné ta chance, pas un autre. Bien sûr que l'Atlético te veut. Et d'autres aussi, je n'en doute pas. Mais si tu vas au Barça ou je ne sais où à 20 ans, tu sais ce qui se passera ?

Le jeune attaquant soupira.

– Je resterai sur le banc.

– Et voilà. Du moins, la plupart du temps. Tu n'es pas appelé à jouer les doublures, mon Tony. Ton rôle doit être le *premier* rôle, tu m'entends ? Mais nous avons toujours fait les choses à notre rythme, dans les règles, sans brûler les étapes, comme tu le dis toi-même en interview – et il n'y a aucune raison pour que ça change.

Le jeune homme opina du chef. « Nous » ceci, « nous » cela... Pourquoi le nier ? Sa famille – surtout son père, et sa sœur dans une moindre mesure – avait toujours joué un rôle primordial dans ses choix de carrière. Depuis quelque temps, il essayait de se soustraire à son influence, en choisissant son agent tout seul, par exemple. Force était de constater que ça ne donnait pas de super résultats.

– Donc, je ne bouge pas. Et s'il y a d'autres interviews ?

– Il y en aura. Tu restes dans le vague. Bien sûr que tu bougeras un jour, la Real doit le savoir. Mais pas aujourd'hui. Pas l'année prochaine non plus. À San Sebastián, les projecteurs vont se braquer de plus en plus sur toi. Dans trois ans, et sans doute même avant, tout le monde connaîtra ton nom en Europe. Alors il sera temps de reconsidérer tes options.

Le jeune attaquant se leva, s'étira, puis déclara qu'il allait faire un tour aux toilettes.

Dans la glace, ce matin-là, il resta un long moment à s'observer. Ce type, là, qui le regardait avec insistance... Ce type était désormais un joueur pour lequel de grands clubs étaient prêts à mettre des millions et des millions d'euros sur la table.

Sa mâchoire s'était durcie. Ses épaules s'étaient élargies. Le regard était plus assuré.

Un homme, un vrai. Plus un petit garçon.

*Garde la tête froide, Tony. Garde la tête froide.*

## 12

# BIENVENUE EN COLOMBIE

Le vol pour Bogota avait été agité. Des turbulences, des annonces toutes les cinq minutes, un enfant qui pleurait à l'arrière…

Tony avait essayé de regarder un film de super-héros, mais il s'était finalement endormi, d'un sommeil embrumé, peuplé de visions angoissantes.

Le temps – on les avait prévenus – serait beaucoup plus frais qu'en Europe, et le jeune attaquant, comme tous ses partenaires, dut sortir une veste à la sortie de l'aéroport. La ville était située à 2 640 mètres d'altitude. À sa connaissance, Tony n'était jamais monté aussi haut de sa vie, et le médecin des Bleus les avait maintes fois mis en garde : « Si vous avez des vertiges, des maux de tête, des nausées, vous venez me voir immédiatement. »

Ils avaient 4 jours avant le match. Beaucoup avaient été rejoints par leurs familles, mais les contacts, sauf exception, étaient désormais limités. Les joueurs devaient vivre ensemble, manger ensemble et même dormir ensemble. À l'hôtel où ils résidaient – un vieux palais à l'écart de l'agitation, situé près d'un terrain d'entraînement –, Tony partageait sa chambre avec Gueïda Fofana, un milieu de terrain élancé qu'il ne connaissait pas très bien.

Gueïda jouait au Havre, mais on parlait de lui avec insistance à l'Olympique lyonnais.

– Mon agent m'a dit que je devais oublier ça et me concentrer uniquement sur la compétition, expliqua-t-il à Tony le premier soir. C'est compliqué.

– Bienvenue au club.

Le premier jour, après une séance de décrassage bienvenue et une reprise de l'entraînement en douceur, le staff les emmena visiter la ville – en particulier la Candelaria, le centre historique dans lequel se trouvaient les musées, les vicilles maisons de style baroque et colonial espagnol, les ruelles typiques, les belles églises… Les joueurs furent charmés par ces façades colorées, cette ambiance si particulière, mélange de culture hispanique et sud-américaine, mais ils furent un peu déçus, aussi : à l'exception de quelques devantures, de deux ou trois drapeaux aux fenêtres, la capitale colombienne ne paraissait pas se soucier beaucoup de cette coupe du monde. Les gens étaient-ils seulement au courant ?

« Les habitants d'ici ? Seulement les fans de foot, avait déclaré Francis Smerecki. C'est une coupe du monde, ce n'est pas *la* Coupe du monde, vous êtes au courant. Mais ailleurs, dans le reste du monde, les spécialistes ? Et comment, qu'ils sont au courant ! Les recruteurs, les entraîneurs, les journalistes, les autres joueurs ? Eux auront les yeux rivés sur cette ville ! Ce que nous voulons, c'est rapporter une coupe du monde au pays. Gardez à l'esprit que vous serez scrutés et observés avec la plus grande attention, si ça peut vous permettre de vous surpasser. »

Le lendemain soir, une conférence de presse fut donnée, à laquelle les joueurs étaient tenus d'assister. La plupart des journalistes étaient français, mais il y en avait aussi des colombiens, des espagnols et quelques anglais.

– Coach, vous avez le redoutable honneur d'affronter les locaux en match d'ouverture. Quelles sont d'après vous les principales caractéristiques de cette équipe ?

Raclement de gorge.

– Eh bien, c'est toujours un style différent de celui pratiqué par les nations européennes. On a observé ses matchs lors du championnat d'Amérique du Sud au Pérou, et durant le dernier tournoi de Toulon, aussi. Rien à dire, c'est une équipe équilibrée et offensive, en particulier par l'implication permanente de ses latéraux dans le jeu d'attaque. Elle sait aussi apporter de la puissance, par l'intermédiairc dc quelques éléments. Et puis elle possède un joueur de grande classe, attendu par ce pays depuis longtemps – j'ai nommé James Rodríguez. Ce meneur de jeu particulièrement complet évolue dans les rangs du FC Porto au Portugal. L'un dans l'autre, la Colombie possède indéniablement des atouts, mais aussi deux ou trois faiblesses que l'on va s'efforcer d'exploiter.

Un autre doigt se leva.

– Samedi soir, on sait que le match d'ouverture se jouera à guichet fermé. Autrement dit, vous allez évoluer devant pas moins de

42 000 supporters. Est-ce perturbant pour vos joueurs ?

Tony et Alexandre Lacazette, assis côte à côte, échangèrent un regard entendu : 42 000 ! Mortel ! Le jeune attaquant de la Real n'avait pas peur : il avait déjà joué à Barcelone ou au Real Madrid, dans des stades immenses. Tout de même, l'excitation montait en lui. Et il lui fallait lutter un peu pour tenir le stress à l'écart.

Le coach porta un verre d'eau à ses lèvres avant de répondre.

– L'environnement sera bien sûr pour nous très différent par rapport au dernier championnat d'Europe U19 organisé en France. Un autre genre d'ambiance. Samedi, ce seront les Colombiens qui seront portés par leur public – en tout cas, je l'espère pour eux. Cette équipe souhaitera confirmer sa victoire lors du dernier tournoi de Toulon contre une équipe U21 française. Notre sélection, cependant, sera différente de celle qui a évolué à Toulon, puisque seuls

Yannis Tafer et Loïc Nego avaient pris part au tournoi varois. À nous de ne pas nous laisser perturber par cet environnement et de répondre avec sérénité à l'engagement qui nous sera proposé. J'ai confiance dans la capacité d'adaptation de ce groupe.

Les joueurs français hochèrent la tête. Il y eut des regards appuyés, des pouces levés au sein de l'assemblée, quelques murmures. L'idée était de faire corps, de former un vrai groupe, et ce n'était pas facile, car la plupart des membres de l'équipe, même si certains avaient participé à l'épopée du championnat d'Europe ou joué des matchs amicaux ensemble, ne se connaissaient encore pas trop.

Un troisième journaliste attrapa le micro.

– Il y a aussi la question de l'altitude, des conditions particulières. Le stade El Campín est situé à 2 625 mètres. Comment préparez-vous vos joueurs à cet environnement particulier ?

Francis Smerecki se gratta le crâne.

– La seule question qui vaille est de savoir si on disposera des aptitudes physiques pour produire les efforts nécessaires à la bonne tenue de notre jeu. On sait que les Colombiens sont plus habitués que nous à ces conditions, c'est logique. Nombre de joueurs ont effectué une bonne préparation en altitude à Tignes, et les autres, depuis leur arrivée à Bogota, se sont acclimatés. On espère qu'elle permettra aux joueurs de répondre à cette problématique.

La question suivante concernait les favoris de la compétition, et les chances de la France.

Manifestement, les Bleus ne venaient pas en Colombie pour faire de la figuration. Leurs ambitions étaient élevées. Mais ils n'étaient pas, tant s'en faut, les seuls à pouvoir prétendre à une victoire finale.

La Colombie, devant son public, apparaissait comme un adversaire redoutable. Comme l'avait souligné le coach (une manière comme une autre de mettre la pression sur lui), le milieu offensif James Rodríguez, auteur d'une excellente saison à Porto, polarisait toutes les attentions. Surtout, il y avait le Brésil, qui avait terminé 3e et 2e lors des deux dernières éditions. L'équipe serait privée de ses deux stars, Neymar et Lucas, qui avaient brillé au tournoi continental des moins de 20 ans remporté en février et, pour cette raison, n'étaient pas autorisés à participer au Mondial colombien. Mais elle pouvait compter sur d'autres étoiles montantes : Coutinho, qui jouait à l'Inter Milan, Oscar et Casemiro, notamment.

La conférence s'éternisait ; les joueurs sentaient monter la pression. Ce soir-là, dans leur chambre, Fofana avoua à Tony qu'il avait « les jetons ».

– Tu as peur de quoi ? Tu as été nommé capitaine !

– Peur de tout, mon pote. De cette coupe du monde, pour commencer. Et si on était éliminés tout de suite ? Au premier tour ?

– Dis pas de conneries.

Les deux autres adversaires de la France étaient la Corée et le Mali, a priori pas des obstacles insurmontables.

– Ouais, et puis j'ai peur de l'année prochaine, aussi. Moi, à Lyon ? Non, mais tu me vois ?

– Ben oui, je te vois. Tu vas retrouver Alex !

– Mais c'est long, une carrière.

– Pas tant que ça.

– Je veux dire, il y a largement le temps de devenir nul. De se blesser. De faire des mauvais choix. D'être… juste un joueur comme les autres…

– Sûr.

Mains croisées derrière la tête, Tony s'était allongé sur son lit et souriait au plafond. Son camarde de chambre, estomaqué, le regardait avec insistance.

– C'est quoi, ton secret ?

– Mmm ?

– Pour être si détendu ?

Tony souleva une manche et lui montra le tatouage avec la citation du Petit Prince. « Fais de ton rêve une réalité. »

– Je viens de loin. Mâcon, tu connais ? Personne ne me connaissait, il y a dix ans. Même moi, je ne me connaissais pas. Il faut croire à son rêve. Comme si tu étais dans le noir et que tu voyais une lumière au bout. Tu te concentres là-dessus. Tu avances, et peu importe le reste.

Pensif, Gueïda Fofana ôta scs chaussettes et s'allongea lui aussi.

– Ouais. Je ne sais pas comment tu fais pour rester si calme.

Tony sourit.

Lui non plus n'en savait rien. Il se projetait vers l'avenir. Des difficultés, des déceptions, des larmes ? Il y en aurait. Il y en aurait beaucoup. Mais le jeu en valait la chandelle.

# 13

# DANS LE DUR

Les 42 000 spectateurs promis étaient là, bien là, et ils faisaient un boucan de tous les diables.

Les supporters français devaient être 200 ou 300, un contingent minuscule, formé en grande partie des proches ou des amis des Bleus.

Pendant l'hymne français, Tony, le regard fixe, essaya de faire le vide en lui. Il était là, si loin de chez lui, en Amérique du Sud, il allait jouer un match de football international devant des dizaines de milliers de spectateurs. En Espagne, des clubs allaient bientôt se déchirer pour lui – ils avaient même déjà commencé. Pouvait-il rêver plus loin ?

Dix minutes plus tard, le coup d'envoi fut donné, et il sentit des papillons danser dans son bas-ventre.

Gueïda Fofana, qui portait le brassard de capitaine, n'en menait pas large non plus, et les premières minutes furent délicates. Poussés par un public survolté, les Colombiens exerçaient une pression incessante.

La France, pourtant, réussit à laisser passer l'orage, et parvint même à ouvrir le score autour de la 20$^{e}$ minute, sur une inspiration de Gilles Sunu. Tony avait du mal à peser en attaque, un défenseur colombien le marquait à la culotte, un petit gabarit très vif et attentif dont il était difficile de se débarrasser. Malgré l'avantage au tableau d'affichage, les Français reculaient, comme s'ils retardaient l'inévitable. À la 30e minute, de plus en plus nerveux, ils concédèrent un penalty, transformé par l'inévitable James Rodríguez, qui causait bien des soucis aux défenseurs centraux.

Les offensives colombiennes se multipliaient, arrivaient de tous les côtés. À la mi-temps, Francis Smerecki mit en garde ses protégés. La Colombie « y allait à l'énergie », leurs attaquants « en voulaient plus », la France, elle, jouait par alternance. « Les gars, c'est le match à ne pas rater si on veut finir premier de la poule, hein ! Ils ne sont pas spécialement meilleurs ! »

Peut-être pas, mais la seconde mi-temps commença comme s'était achevée la première, et le match n'avait pas repris depuis trois minutes que les locaux inscrivirent un deuxième but, fruit d'une nouvelle confusion offensive.

À l'avant, Tony et ses partenaires avaient du mal à se trouver. Pendant un bon quart d'heure, ils essayèrent de percer le mur colombien en passant sur les côtés. Les aiguilles de l'horloge avançaient impitoyablement, il fallait à présent prendre des risques, s'exposer. Hélas ! Alors que les Bleus, à une ou deux reprises, étaient passés tout près de l'égalisation, ce furent finalement les Colombiens qui trouvèrent le chemin des filets : deux buts en deux minutes – le bateau France avait coulé.

Dès lors, Tony et les siens ne savaient plus trop ce qu'il convenait de faire. Défendre et en rester là, ou attaquer et se découvrir ? Finalement, les Bleus ne firent ni l'un ni l'autre. Ils manquaient de jus en attaque – Grizi sortit à la 83e minute, totalement à court de solutions –, et le milieu de terrain était gravement désuni.

La défaite par 4-1 fut presque accueillie comme une délivrance. Dans les vestiaires ? Silence total. Tony ne savait pas quoi penser de ce premier échec, l'adversaire ne lui avait pas paru réellement supérieur.

– Ce n'est qu'un match, répétait le coach. On a grillé notre joker, maintenant on va rentrer dans la compétition, et on va se racheter. La Corée a battu le Mali, on *doit* leur foncer dans le lard.

Le second match, disputé trois jours plus tard contre la Corée, dans le même stade, fut pratiquement l'inverse du premier. Tony, s'il ne marqua pas, se montra particulièrement décisif sur le front de l'attaque. Ses accélérations, ses dribbles ravageurs, ses corners souvent très bien tirés donnaient des sueurs froides aux joueurs adverses.

À la pause, grâce à un but de l'inévitable Gilles Sunu (pour l'instant, il était le seul buteur de l'équipe), les Bleuets menaient par 1-0 et dominaient assez largement les débats. Le coach les mit en garde : surtout, ne pas se déconcentrer, ne pas se croire « arrivés ». Les Coréens pratiquaient un football rapide, imprévisible, et ne paraissaient pas trop touchés moralement. À l'heure de jeu, contre toute attente, Tony et les siens se firent rejoindre sur un coup franc lointain somptueux, qui rendit le jeune attaquant fou de rage... et de jalousie.

Tandis que l'équipe se replaçait, il croisa Gueïda Fofana et lui montra son poing serré. « On va le faire. On va le faire, tu m'entends ! »

Et ils le firent. Sur un but de ce même Fofana, justement, suivi d'un autre par Lacazette dans les arrêts de jeu. Tony, une fois encore, était sorti dix minutes avant la fin, mais cette fois aucune ombre n'obscurcissait son cœur, car le résultat final ne faisait aucun doute pour lui.

Dans les vestiaires, l'ambiance avait changé du tout au tout.

– Tu as vu ? répétait Tony à son capitaine, hilare.

Il se sentait comme un prophète. Les autres se groupaient autour de lui, ils avaient besoin de son sourire, de sa lumière.

*C'est moi qui devrais être capitaine*, se surprit-il à songer.

Grâce à cette victoire, les Français rejoignaient leur adversaire du soir au classement, avec 3 points. Mais il y avait mieux : le Mali, qui avait perdu contre la Colombie, était déjà éliminé. À part sauver l'honneur, il ne lui restait pas grand-chose à espérer contre la France. Les Bleus, quant à eux, devaient juste obtenir un meilleur résultat que les Coréens lors du dernier match – ces mêmes Coréens qui s'apprêtaient à affronter la redoutable Colombie. Sur un plan comptable, tous les voyants étaient donc au vert.

La rencontre se disputait à Cali, à 500 kilomètres au sud-ouest de Bogota – une heure d'avion.

Les Bleus, qui abordaient le match avec le plus grand sérieux, mirent un temps fou à trouver la faille. C'était l'un de ces matchs extraordinairement frustrants, hachés, émaillés de fautes et de cartons jaunes – l'une de ces rencontres qui, malgré votre domination, commencent peu à peu à vous faire douter, à vous faire penser que, peut-être, vous allez prendre un but idiot dans les dernières minutes et tout perdre.

Tony, aussi inefficace que ses partenaires, sortit à la 64e, pour être remplacé par son copain « Alex » Lacazette.

Il était mécontent, en rogne contre lui-même et contre l'arbitre, coupable à ses yeux de plusieurs fautes non sifflées.

Quelques minutes plus tard, cependant, il lui sembla qu'il avait été entendu : un défenseur malien, beaucoup trop agressif, prit un deuxième carton jaune et fut exclu dans la foulée. La France en profita. Désorganisés, à l'agonie, les Maliens cédèrent par deux fois : à la 70e et à la 77e – encore Lacazette.

Même s'il était diablement heureux pour son complice en attaque, Tony ne pouvait s'empêcher de ressentir, aussi, une pointe d'acrimonie.

La France accédait aux 8e de finale, et il n'avait toujours pas inscrit le moindre but.

# 14

# LA PROCHAINE FOIS, PEUT-ÊTRE ?

– Tu es où, là ?

– À Medellín. À L'hôtel.

– Medellín. La capitale mondiale de la drogue… Ça fait rêver.

Tony sourit.

– C'est fini, tout ça.

– Je sais. Je te charriais. Tu vois quoi, de ton hôtel ?

– Plus grand-chose, là. Une montagne. La nuit tombe.

– Bon. Raconte un peu.

Le jeune attaquant s'assit sur son lit. Sa chambre d'hôtel – il y était seul – était plongée dans l'obscurité.

– Tu as vu les matchs ?

– Des bouts seulement. Mais j'ai vu ton but contre l'Équateur, en 8e.

Tony hocha la tête. Il s'y était repris à deux fois, après un arrêt du gardien – pas la plus belle réalisation de sa carrière, mais une vraie libération pour lui. Et, surtout, c'était lui qui avait qualifié les Bleus.

Enfin !

– Ça t'a fait quoi ? lui demanda sa sœur.

– Comme souvent : pendant une demi-seconde, je me suis revu à Mâcon. Même pas sur un terrain, hein. À la maison, avec vous, Théo, les parents, la tartiflette.

– Merci de nous rajeunir… !

Ils rirent tous les deux.

– Ouais, on a tous pris un coup de vieux.

Bon, après, il y a eu le Nigeria, à Cali, et c'était…

– Ouf ?

– Carrément. Eux, ils avaient marqué 15 buts au premier tour, et puis ils avaient sorti les Anglais, ils étaient chauds comme la braise. Ça allait d'un but à l'autre, ça n'arrêtait pas, mais on n'y arrivait pas. Et puis Gilles a été blessé…

– Sunu ?

– Ouais, vers la 30e minute, et Alex est rentré. Et… Ça m'embête de dire ça, mais il est vraiment très bon, Alex. Au retour des vestiaires, il nous avait dit : « Je vais marquer. » Et il l'a fait. Après ça, on a eu plein d'occasions, et eux aussi. Mais à 15 secondes de la fin des arrêts de jeu – je te jure, 15 secondes ! – ils nous en ont planté un. On était dégoûtés.

– Et là, prolongations.

– Ouais. On était morts de faim, écœurés, on est revenus comme des pirates, et Gueïda a marqué un peu avant la mi-temps, et puis Alex aussi, en contre. Là il y avait 3-1, on se disait « c'est terminé ». Mais les Nigérians se sont accrochés, ils ont eu une énorme frappe sur le poteau, un type a repris, paf, 3-2 ! Et tout à coup, on s'est mis à flipper. Vraiment ! Les neuf minutes les plus longues de ma vie. Je ne te dis pas le soulagement !

– J'imagine. Bon, vraiment dommage que ça se soit arrêté après ça, vous ne le méritiez pas.

– On est crevés, tu sais. Le match contre le Nigeria nous a tués. Et les Portugais…

– Je sais, je sais. Vous étiez proches, très proches. La prochaine fois, peut-être ?

– Ouais, bien sûr.

Tony renifla. Il n'avait pas encore assimilé : éliminés. Au tapis, les Bleuets. En demi-finale de coupe du monde.

– Tiens, reprit Maud, il y a Théo qui vient de rentrer, il veut te dire un mot.

– Hé, quelle heure il est chez vous ?

– Quatre heures du mat', lui répondit

son frère d'une voix guillerette. J'étais en soirée, et je suis revenu exprès pour voir le match.

Tony sourit.

– T'aurais dû rester à ta soirée.

– Tu m'étonnes ! Franchement, ils sont trop chiants, les Portugais. J'avais dit à Maud : ils ne mettent presque pas de buts, mais ils en prennent encore moins. S'ils marquaient en premier, je savais que ça allait être très compliqué. Bon, le premier but est arrivé trop tôt. Mais ils sont doubles champions du monde, voilà ! Ils ont géré, bon. Vous, vous aviez le ballon...

– Mais on ne savait pas trop quoi en faire...

– Oui, c'est clair. Après, la faute de Koulibaly... Moi, je ne l'aurais pas sifflé, mais c'est comme ça, la nervosité, une baisse de concentration... Franchement, je ne leur souhaite pas de gagner. C'est super d'avoir atteint la finale sans encaisser de but, mais j'aimerais bien savoir comment ils réagiront quand ils se prendront le premier. Tu me diras, peut-être que ça n'arrivera pas.

– Ça arrivera, soupira Tony.

Un silence se fit. Dehors, au pied de la montagne assoupie, des lueurs clignotaient. Le jeune homme se releva, se posta à la fenêtre, se passa une main sur le front.

– Tu pleures ? lui demanda son frère.

Les perspectives tanguaient, se brouillaient. Tony avait surtout envie de dormir. De passer à autre chose.

– Tu me manques, répondit-il seulement.

– Toi aussi. Mais tu sais quoi ? Je t'ai regardé sur le terrain, c'est toi qui te battais le plus. Ils ont besoin de toi – ils devraient jouer plus autour de toi, avec toi.

– T'es gentil…

– Je dis la vérité. T'es un leader, frangin. Tu dois montrer la voie. Et je suis sûr qu'un jour, ça viendra.

# 15

# LA LUMIÈRE AU BOUT DU TUNNEL

Le match pour la 3e place se jouait à Bogota, là où tout avait commencé. L'adversaire des Bleuets ? Le Mexique, qui s'était incliné dans les dernières minutes face au monstre brésilien. Un sacré client, le Mexique. Le plus dur, évidemment, était de trouver la motivation, les ressources.

Encore marqués par leur défaite en demi-finale contre le Portugal, Tony et ses amis, au matin du match, traînaient leur misère dans la capitale du pays.

Dans une échoppe de la Candelaria, une petite boutique pour touristes, Tony, sur un coup de tête, acheta un briquet métallique décoré d'une branche d'arbre. Pourquoi celui-ci, pourquoi maintenant ? Il n'en avait aucune idée. Il ne fumait pas, il n'avait pas besoin de briquet, il ne comptait même pas l'offrir en cadeau. Il le glissa dans sa poche et cessa d'y penser.

On était le 20 août, et il n'avait pas vu l'été passer. Les vacances ? Quelles vacances ? Dans une semaine, le championnat espagnol allait reprendre et, en dépit des rumeurs qui l'envoyaient régulièrement du côté de l'Atlético, Tony était attendu à San Sebastián. Il y pensait tous les jours, désormais. L'idée de retrouver Messi, Ronaldo et les autres l'électrisait littéralement. Il avait été étiqueté « espoir ».

Il avait plus de 20 ans. Le moment était venu de s'imposer davantage. De s'imposer en leader.

Du discours de Francis Smerecki, ce matin-là, le jeune attaquant ne retint pas grand-chose. Il s'agissait, plaidait-il, de terminer en beauté. De gagner une médaille. La place de 4e était la pire qui soit.

De fait, tout commença plutôt bien pour les Bleuets. Il ne fallut que deux minutes à Tony pour centrer de la gauche à ras de terre pour Gilles Sunu, mais, hélas, le gardien sortit vite dans ses pieds. Trois minutes plus tard, c'était au tour de Sunu de s'échapper avant de redresser pour son partenaire, devancé de justesse par le portier mexicain. Dans tous les bons coups, Tony mit encore ce dernier à contribution avec une frappe à ras de terre des seize mètres. Dans la minute suivante, il décala son partenaire d'attaque Timothée Kolodziejczak, dont le centre parfait trouva la tête de Lacazette, seul aux six mètres. L'attaquant français inscrivit son cinquième but. Quatre actions en même pas dix minutes, et toutes étaient dues à Tony !

Par la suite, hélas, les choses se gâtèrent. Comme un signe, les nuages se rassemblèrent au-dessus du stade. Il y eut d'abord cette erreur du gardien français, qui laissa échapper le cuir entre ses jambes, et offrit un but un peu trop facile aux Mexicains. Peu avant la mi-temps, Tony laissa passer l'occasion de reprendre l'avantage, quand son tir à l'entrée de la surface passa juste au-dessus des cages adverses.

La chance était passée, sentit le jeune attaquant. Les étoiles n'étaient pas encore alignées. Une forme de résignation s'empara de lui.

À la rentrée des vestiaires, une action confuse, conclue par une tête, donna l'avantage aux Mexicains. Qui inscrivirent un troisième but sur corner peu de temps après.

L'affaire était mal embarquée. Avec deux buts de retard, les Bleuets en étaient réduits à prendre tous les risques, quitte à se faire rejoindre. Ils ne connurent pas cette disgrâce, mais ne purent pas non plus refaire leur retard. Sorti à la 72e minute, juste après le troisième but mexicain, Tony regarda ses partenaires se démener en vain. À son côté, Clément Grenier baissait la tête, abattu. Le jeune attaquant lui tapota l'épaule.

– Ce n'est rien, lui dit-il.

Dans le regard de son coéquipier, qui avait relevé la tête, il lut de la gratitude. Certes, les Bleuets allaient terminer à cette fameuse et honnie 4e place. Mais ils étaient loin et, ensemble, ils avaient parcouru un sacré chemin. C'était la première fois que des U20 français atteignaient les demi-finales d'une coupe du monde.

*Nous irons loin*, songea Tony, sans bien savoir à qui ce « nous » se référait.

*Moi, en tout cas.*

Plus tard, à la sortie du vestiaire, alors que la rumeur du stade s'était tue depuis longtemps, qu'ils commençaient à comprendre que la compétition était bien terminée et qu'il allait leur falloir passer à autre chose, Tony et les siens furent surpris par une coupure de courant générale.

Ils se trouvaient dans un couloir sans fenêtre, l'obscurité était presque totale. Au bout, là-bas, seule une petite lueur se dessinait – une porte.

Tony marchait devant.

Sans un mot, il sortit son briquet de sa poche.

Alors, soudain, il se rappela son rêve, ce rêve vieux de plus d'un an.

Les ténèbres.

La branche d'arbre. La branche d'arbre flambant doucement au milieu de la désolation.

Un signe ?

Il alluma son briquet, et une petite flamme jaillit. Elle n'éclairait pas beaucoup, mais elle paraissait solide. Et tous les Bleuets, derrière Tony, poussèrent un « ouf » de soulagement.

Il se sentait un peu comme un guide. Celui qui allait montrer la voie. Celui qui ne flancherait pas, jamais.

– Suivez-moi, dit-il. Tout va bien se passer.

# Annexe

## *L'arrivée d'Antoine Griezmann au FC Barcelone !*

Après cinq années passées à l'Atlético de Madrid, Antoine Griezmann a annoncé en mai 2019 qu'il quittait l'équipe des Colchoneros, avant de dévoiler en juillet qu'il intégrait le FC Barcelone. L'occasion pour toi d'en découvrir un peu plus sur le nouveau club de ton joueur préféré !

Le FC Barcelone, plus communément appelé « Barça », est le club européen ayant remporté le plus de titres au XXIe siècle – et l'un des clubs les plus titrés de l'histoire du football.

De nombreuses autres stars internationales ont joué sous les couleurs du Barça : les Brésiliens Ronaldo, Ronaldinho et Neymar, l'Espagnol Carles Puyol, l'Argentin Diego Maradona, le Portugais Eusébio, l'Uruguayen Luis Suárez…

L'équipe est reconnaissable de par les couleurs bleu et grenat de son maillot : on l'appelle le maillot *blaugrana*.

## Pour la saison 2019/2020 :

– L'entraîneur s'appelle Ernesto Valverde. Lors de sa première saison au Barça en 2017-2018, il décroche un doublé Championnat-Coupe d'Espagne.

– Antoine Griezmann portera le numéro 17 ! En effet, Philippe Coutinho portait déjà le maillot numéro 7.

– Le capitaine de l'équipe n'est autre que la superstar argentine Lionel Messi, avec qui Antoine se réjouit de jouer.

– L'équipe compte cinq joueurs français : Antoine Griezmann, Ousmane Dembélé, Samuel Umtiti, Clément Lenglet et Jean-Clair Todibo.

– Pour la première fois cette saison, le maillot *blaugrana* sera bleu à damiers grenats (avant, il était rayé).

*Écusson du FC Barcelone*

# *Table des matières*

Les personnages ........................................ 11
1 – Un champ de bataille ............................ 15
2 – Dix ans déjà ........................................ 29
3 – Retrouvailles ...................................... 37
4 – Le mal-aimé ? ..................................... 47
5 – À qui perd gagne ................................ 57
6 – Le premier barreau de l'échelle ............ 69
7 – Ce n'est qu'un début ............................ 83
8 – Effacer le passé ................................... 91
9 – Aurrera Mutilak ! ............................... 101
10 – Pendant ce temps, dans le journal… .... 115
11 – *Should I stay or should I go ?* ........... 121
12 – Bienvenue en Colombie ..................... 129
13 – Dans le dur ...................................... 141
14 – La prochaine fois, peut-être ? ............. 151
15 – La lumière au bout du tunnel .............. 157

Annexe : *L'arrivée d'Antoine Griezmann au FC Barcelone !* ........................................ 165

Retrouve toutes les aventures de Tony
dans les autres tomes de la série *GOAL !*

*Déjà parus :*

Tome 1 – Coups francs et coups fourrés
Tome 2 – Un espion dans l'équipe
Tome 3 – L'avenir au bout du pied
Tome 4 – Dans la cour des grands
Tome 5 – Le tout pour le tout
Tome 6 – À l'assaut des sommets
Tome 7 – Du rêve à la réalité

*À suivre…*

*Direction littéraire*
Elsa Lafon
*et*
Laurie Beck